¡Oiga!
Déjeme hablarle de
Cuaresma
y Pascua

¡Oiga!
Déjeme hablarle de
Cuaresma
y Pascua

ABUNDIO
PARRA SÁNCHEZ

LIBROS™
LIGUORI

One Liguori Drive ▼ Liguori, MO 63057-9999

Nihil obstat: Pbro. Lic. Antonio Ramírez Sánchez
Imprimátur: + Mons. Jorge Martínez Martínez,
Vicario Episcopal de la VIII Vicaría del Arzobispado de México
(Xochimilco, D. F. - 2 de abril de 1992)

ISBN 0-7648-1227-0
Número de la tarjeta de la Biblioteca del Congreso: 2004113982

Propiedad Literaria © 2005, Libros Liguori
Impreso en Estados Unidos
05 06 07 08 09   5 4 3 2 1

Todas las citas han sido tomadas de la *Biblia de América*, cuarta edición, 1994.

Para pedidos, llame al 1-800-325-9521
www.liguori.org

Índice

Introducción

L a Pascua es celebración y aniversario de la resurrec
ción de Cristo y no la conmemoración o el aniversario luctuoso de un difunto, es una fiesta de primavera
que evoca el despertar de la naturaleza, sus ritmos y fe-
nómenos, aunque se celebre en esa estación o en fecha
cercana a su comienzo. Pero a pesar de saberlo, para
muchos cristianos es la Navidad y no la Pascua, la fiesta
que más atrae su atención. Esto puede ser por la falta de
una formación religiosa sólida y el peso del consumismo
o por el gusto de la sociedad en que vivimos. Además,
por un mal enfoque, muchos católicos acostumbran po-
ner el acento de la Pascua en la Semana Santa o Semana
Mayor y, sobre todo, en el Viernes Santo, distanciando
ambos momentos del Domingo de Resurrección y del
tiempo pascual que le sigue.

Por otra parte, la religiosidad del pueblo latino acen-
túa demasiado algunos ritos especiales que lo cautivan
como el de ir a la iglesia el Miércoles de Ceniza al principio de la Cuaresma; las procesiones del silencio; los

Vía Crucis con dramatizaciones de las escenas de la pasión a lo largo de la Cuaresma; y las celebraciones devotas en torno a las "Siete palabras", "Tres caídas", "Santo entierro" y "Pésame (a María)" en el Viernes Santo.

Por cuanto concierne al día domingo, "pascua cristiana semanal", las cosas no van por mejor camino. No se le toma como día de fiesta religiosa sino como fin de semana; no es inicio o impulso para la semana que le sigue sino tiempo de ocio que la concluye.

Este librito sobre Cuaresma y Pascua propone breve pero animadamente varios de los principales elementos históricos, litúrgicos, teológicos y simbólicos de la Pascua. Así se pretende favorecer y motivar la experiencia personal y comunitaria de los cristianos latinos en torno al misterio pascual.

Los contenidos principales del librito toman en cuenta el origen de la pascua bíblica con las razones históricas que la generaron, el éxodo y la pascua de Jesús (pasión, muerte y glorificación) y la celebración dominical y anual, Pascua cristiana, corazón de todo el año litúrgico. Además, el escrito quiere resaltar el simbolismo de textos, ritos, elementos naturales, tiempos, instrumentos y actitudes con que la tradición católica la celebra. Al final del mismo, unos pequeños apéndices completan el cuadro pascual: la sinopsis de los textos pascuales, los lugares santos principales y un breve vocabulario de Pascua.

Aunque el texto se limita a los temas antes mencionados, también cita otros aspectos secundarios que requieren mayor desarrollo y que los lectores exigentes encontrarán en obras mayores, como las sugeridas en la bibliografía o que podrán buscar y hallar en otros comentarios bíblicos y pastorales sobre esos mismos temas.

En opinión de muchos autores se ha ido perdiendo el

gusto y sentido por los símbolos. En contraste, al pueblo le cuesta seguir las ceremonias de la Iglesia y, aún más, captar su profundidad, precisamente tanto por el desconocimiento de los símbolos que usa como por considerarlos sólo como ritos anticuados, ajenos, objetos pasados de moda o restos enigmáticos de un pasado desconocido. Por ello, este libro da espacio privilegiado a los símbolos de la Pascua explicando breve y pertinentemente su función y significado en un capítulo propio.

Por último, aunque pensado para todo público, el libro puede apoyar el ministerio de los proclamadores de la Palabra en sus comunidades. Por ello, el lector encontrará aquí un lenguaje sencillo, imaginativo y orientado hacia lo simbólico y emocional. Esto significa que si el lector hace su parte, este librito puede ayudarlo a descubrir en los símbolos de la Pascua no una ciencia esotérica sólo para iniciados, sino un conocimiento religioso, parecido a la intuición y una pedagogía que logre educar su corazón creyente y hacerlo palpitar con los signos cristianos de la fe.

Abundio Parra Sánchez
San José, Tláhuac, México, D.F.
Año Nuevo 2004

PRIMERA PARTE

La Pascua en la Sagrada Escritura

Cuando los cristianos celebran la Pascua recuerdan el misterio pascual en conjunto, es decir: despedida, pasión, muerte, resurrección y ascensión o glorificación de Jesús y lo que éstos eventos sugieren a su fe y a la comunidad de la que forman parte. Al referirse a los últimos días de Jesús, el Evangelio de Juan (13,1; 19,42) indica que los hechos de su pasión y muerte ocurrieron mientras los judíos estaban celebrando su propia pascua. Con ello indica que la Pascua de Jesús sustituye al antiguo rito que hasta ese momento se celebraba en la tradición judía.

Ahora bien ¿cómo se relacionan esas dos pascuas, la de las Escrituras hebreas o Antiguo Testamento y la de Jesús, y cómo se une la muerte de Jesús con el recuerdo de la liberación de Egipto?

1. Pascua y panes ácimos

La palabra "Pascua" según los estudios lingüísticos y la opinión de los exégetas (personas que interpretan la Escritura) deriva probablemente de un vocablo de la antigua lengua acádica (*pasháju*: apaciguar), de una voz egipcia que significa "golpe" o bien de una raíz hebrea (*pasáj*: cojear, saltar) como aparece en el relato que da de ella el capítulo 12 del libro del Éxodo. Por otra parte, el parecido del término griego *pasja* con el verbo *pásjein* ("sufrir") permitió a los antiguos cristianos relacionar la pascua bíblica con el sufrimiento y muerte de Jesús. Al hablar de la Pascua, los textos de las Escrituras hebreas o Antiguo Testamento (Éxodo 23,15; 34,18; Levítico 23,5-8; Deuteronomio 16,1-8) se refieren a dos fiestas: la Pascua y los panes ácimos. Ambas celebraciones parecen confundirse, celebrarse una después de otra o una dentro de la otra.

Origen

Por los datos que se tienen, la más antigua fiesta de la Pascua fue una celebración de pastores nómadas que, antes de emprender su viaje de un lugar a otro, acostumbraban propiciar a su divinidad sacrificándole cabritos del rebaño. Tal sacrificio ocurría después del período invernal y coincidía, aproximadamente, con el inicio de nuestra primavera. Con ese sacrificio se pretendía alcanzar protección durante el viaje, encontrar pasto para el ganado, lograr la fecundidad del rebaño y, en consecuencia, obtener bienestar para la tribu, el clan, las familias o las personas del grupo.

Para señalar lo anterior utilizaban la sangre del cordero o cabrito sacrificado y con ella untaban los palos que fijaban sus tiendas. Con esta señal esperaban que los espíritus nocivos del desierto se alejaran de ellos o les fueran propicios. Realizado el sacrificio, quizá se lo comían junto con otras yerbas del desierto (comunión con la divinidad) o lo ofrecían en sacrificio u ofrenda especial que consistía en la combustión y consagración totales de las víctimas sacrificadas para entregarlas totalmente al dios del grupo y alejarlas de otros usos profanos, incluida la comida.

A su vez, la paralela fiesta de los matzót o de los panes ácimos —panes sin levadura—, evoca la antigua celebración de los agricultores sedentarios, quienes festejaban el inicio de la cosecha del trigo. Esta fiesta equivalía a una celebración de primicias o de inauguración en la que se comían panes hechos con la nueva harina. De este modo se señalaba la novedad de la tierra que los albergaba, la bondad de sus frutos y la vida que éstos procuraban. Comer tales panes era no sólo gesto de agradecimiento por la tierra que habitaban, sino también unión a la divinidad que se los procuraba.

Cuando los hebreos se asentaron definitivamente en Palestina asumieron y reunieron en una sola ambas fiestas: la propia, por su tradición nómada; y la de los panes ácimos, adquirida por contacto con los pueblos entre quienes se asentaron. Con el tiempo fijaron ambas fiestas en su calendario lunar y finalmente las unieron en el mes de *Nisán* y más precisamente, en ocasión del plenilunio —luna llena— de primavera infundiendo a los antiguos ritos el tema básico que les interesaba: su liberación de Egipto.

La Pascua de las Escrituras hebreas o Antiguo Testamento

Las Escrituras hebreas o Antiguo Testamento mencionan varias "fiestas de Pascua" que el pueblo de Israel celebró en los momentos difíciles de su historia, para acentuar liberaciones significativas en su devenir como pueblo. Ellas son la Pascua del éxodo (en Egipto: Éxodo 12,1—13,16); la celebrada en la nueva tierra (Jericó: Josué 5,10-12), la de la reforma de Ezequías en el segundo mes (Jerusalén: 2 Crónicas 30), la que siguió a la reforma del Rey Josías (Jerusalén: Deuteronomio 16,1-7; 2 Reyes 23,22; 2 Crónicas 35,18) y la Pascua de la restauración después del exilio preparada por un rito de expiación (en Jerusalén: Ezequiel 45,18-24; Esdras 6,19-22).

Con ellas, el Israel de la Biblia mostraba que su Señor era un Dios que le hablaba en el tiempo, en su propia historia y en los acontecimientos de su presente y no una vaga divinidad que se le manifestaba en los ritmos de la vegetación y en los ciclos de la naturaleza como las divinidades de otros pueblos.

Así pues, Israel logró transformar una antigua fiesta de pastores (pascua propiamente tal) y otra de agricultores (panes ácimos) uniéndolas en una sola celebración a la que dio un propio contenido histórico: la liberación de Egipto y su nacimiento como pueblo al servicio de Dios.

En resumen, la celebración pascual evocaba a los israelíes de las Escrituras hebreas o el Antiguo Testamento su liberación de Egipto, su constitución como "Pueblo de Dios"; el tiempo paradisíaco en el que había aprendido a ser un nuevo pueblo y el memorial de un pasado glorioso pero siempre actual, que le permitía ser, estar y sentirse una comunidad especial querida por Dios y portadora de esta verdad entre otras comunidades.

Desarrollo   En un primer momento, la fiesta de Pascua fue una celebración familiar, presidida por el jefe de cada grupo o familia (Éxodo 12,1—13,16). Después de la reforma del Rey Josías (entre los años 620 y 609 a. de C.), ésa y las demás fiestas se organizaron en forma nueva: se ordenó celebrarla en Jerusalén y, con ello, se propició una peregrinación a esa ciudad desde todos los rincones del Reino de Judá.

En tiempo de Jesús la Pascua judía ya había terminado un largo proceso de desarrollo en el culto y en la teología que comprendía algunos elementos como la evocación de la liberación de Egipto, el rescate de Israel por parte de Dios, la experiencia de una nueva vida, ocupación de la tierra y cumplimiento de las promesas a los padres, la concepción de Israel como pueblo de la alianza que esperaba al Mesías además de la celebración anual de la fiesta en Jerusalén.

En esta fiesta que comenzaba con el sacrifico de los corderos en el templo y seguía en la cena pascual a la puesta del sol participaban de sesenta a ochenta mil personas entre los residentes y los peregrinos llegados del territorio nacional y de la diáspora, esto es los judíos residentes en el extranjero con un ritual que consistían en la lectura del texto de la salida de Egipto (Éxodo 12—13), la recitación de oraciones y salmos en partes (Salmos 113—114 y 115—118), la explicación familiar de los ritos por parte del jefe de la familia, la comida del cordero asado y otras yerbas amargas, mermeladas o salsas similares al *jaróshet* actual (mermelada de frutas) y bebida de copas de vino que prolongaban la cena hasta la medianoche.

En tiempos de Jesús había dos calendarios que regulaban la celebración pascual. De acuerdo a un calendario fijo, la Pascua se celebraba del día martes al miércoles. Este calendario fue seguido por los esenios y los grupos judíos que no aceptaban de buena gana las disposiciones de los sacerdotes saduceos de Jerusalén. El otro calendario festivo era variable, de modo que la fiesta podía celebrarse en cualquier día de la semana. Este era el calendario que seguían los saduceos en el templo y que regía la celebración de la pascua en las regiones aledañas.

Estos datos han propiciado que se discuta si Jesús realmente celebró la pascua judía antes de morir, si la adelantó o simplemente si le negó valor con los acontecimientos de su pasión, muerte y resurrección. Además, se piensa que Jesús siguió el calendario fijo, celebró su cena de despedida el martes por la tarde sin cordero ni panes ácimos y murió el viernes siguiente a la hora en que, en el templo judío, se inmolaba el cordero pascual (Juan 18,28; 19,42).

En resumidas cuentas, la Pascua de las Escrituras hebreas o Antiguo Testamento hasta la celebrada en tiempo de Jesús se centraba en el recuerdo de la liberación y el éxodo de Egipto. En cambio, según el Evangelio de Juan, Jesús participó en dos pascuas judías para conmemorar ese evento (2,13; 6,4; y quizá, 5,1); pero, antes de su pasión, contrapuso a tal festividad su propia Pascua (13,1). A diferencia de los otros tres evangelistas, Juan no habla de última cena o cena pascual de Jesús con sus discípulos, pero cita "una cena" (13,2).

2. Pascua en las Escrituras cristianas o Nuevo Testamento

Estos escritos señalan que la pasión, muerte, resurrección y la ascensión o glorificación de Jesús constituyen la nueva Pascua cristiana. Estos eventos sustituyen el antiguo sacrificio de un cabrito, con cuya sangre se pretendía alcanzar el perdón y la unión con Dios. Para tener una idea de esta nueva Pascua conviene tener presente el contenido de los diversos textos en los que se desarrolla el tema.

Primeras evocaciones

En los primeros treinta o cuarenta años después de la muerte de Jesús, los cristianos maduraron su fe en el maestro. Como fruto de su experiencia dejaron breves noticias en que señalaban la esencia del nuevo mensaje que se les había confiado, por ejemplo, en enunciados generales (1 Tesalonicenses 1,9-10; Romanos 4,24-25). Estos citan los últimos momentos de Jesús y su relación con la fe de la comunidad. Ordinariamente, estos textos se refieren a la muerte de Jesús por los pecados, resurrección obrada por Dios, invitación a la conversión y esperanza en la llegada final de Cristo como Señor.

Otros textos, en cambio, presentan confesiones de fe, como en el caso de la primera carta a los corintios (15,3-5) y la dirigida a los romanos (10,9). Esas confesiones son fórmulas que sirvieron en la primera catequesis y enuncian los elementos básicos de la fe cristiana. En los discursos de los Hechos de los Apóstoles (2,22-36; 4,8-12; 10,37-43) en cambio, se repiten algunos de los elementos anteriores pero con un esquema de fondo: memorial del hecho, citas de las Escrituras hebreas para señalar que Jesús las cumple y una invitación a la conversión o cambio de vida.

Junto a los anteriores, otros textos presentan himnos, esto es, trozos poéticos usados en la catequesis y el culto (Filipenses 2,6-11; Apocalipsis 4,8-11) o como breve síntesis poética de la fe cristiana (Juan 1,1-16; Colosenses 1,15-20; Efesios 2,14-16).

Por su parte, las cartas en las Escrituras cristianas o Nuevo Testamento reflejan, sobre todo, la aplicación de los temas de la Pascua en la vida de los creyentes bajo los aspectos de reflexión, consejo pastoral, compromiso en la fe y motivación para llevar una conducta adecuada (carta a los gálatas, carta a los filipenses y la primera carta de Pedro).

En resumen, al hablar de la pascua de Jesús los escritores de las Escrituras cristianas o Nuevo Testamento no se limitaron a repetir simplemente los acontecimientos finales de su vida, sino echaron mano de los recursos como el culto y la catequesis que tenían a su disposición y como se les pedía en sus comunidades.

Narraciones de los Evangelios

Entre los años 70 y 100 d. de C. surgieron los Evangelios que conocemos. Al final de ellos, en forma de relato histórico, aparecen extensas narraciones sobre la pasión y apariciones de Jesús Resucitado a sus discípulos.

El estudio de estas narraciones evangélicas muestra que en su edición definitiva, los relatos utilizaron temas de fondo como los del Siervo de Dios, el Justo que sufre y es exaltado por Dios, el Profeta angustiado y otros motivos útiles para la catequesis.

"El Siervo de Dios". Este tema presenta a Jesús como siervo fiel a Dios. Él es capaz de dar su vida en rescate por sus hermanos, según relatos de las Escrituras hebreas o Antiguo Testamento, sobre todo los que el libro de Isaías utiliza para hablar de un siervo misterioso que ayuda a su pueblo (42,1-4; 49,1-6; 50,4-9; 52,13-53,12).

"El Justo que sufre y triunfa". El tema refleja el interés de los evangelistas en dejar el testimonio de la muerte de Jesús usando las palabras con que los piadosos de las Escrituras hebreas o Antiguo Testamento se dirigían a Dios y las respuestas de Dios a su fidelidad. Los ejemplos más significativos de este uso están en los salmos 22 y 69, citados ampliamente por los evangelistas en las secciones finales de sus escritos.

"El Profeta". A su vez, el tema del "Profeta angustiado" señala en Jesús al misionero que da el mensaje de Dios a pesar de su propia debilidad a un pueblo que lo rechaza. Tal situación está calcada particularmente en la figura del profeta Jeremías en textos que señalan su angustia por la misión que debe realizar (11,18-23; 12,1-6; 20,7-18).

Pero además, detrás de las narraciones de la pasión de los Evangelios, se descubren otros motivos e intereses junto con las perspectivas que los evangelistas pretendieron darle a sus escritos y que reflejan las circunstancias de los cristianos en el tiempo en que los Evangelios fueron redactados. Tales intereses o motivos son de cinco clases o se orientan en cinco direcciones: polémicos, apologéticos, dogmáticos, catequísticos y literarios, propios de cada evangelista.

Los "motivos polémicos" destacan inmediatamente. Mientras el Evangelio de Marcos presenta la condena de Jesús como una decisión de Pilato, Mateo resalta el interés de los judíos por su muerte con una frase muy dura ("¡Nosotros y nuestros hijos nos hacemos responsables de esta muerte!", Mateo 27,23-25; Marcos 15,15). Por su parte, Lucas y Juan acentúan la participación consciente y activa de los judíos contra Jesús pidiendo su muerte, aunque acepten al César romano como rey (Lucas 23,25; Juan 19,14-16).

Los "motivos apologéticos" pretenden defender la imagen de los discípulos. A los ojos de los cristianos interesaba salvar la fama de los primeros apóstoles que no estuvieron en el Calvario o lo dejaron solo. Por tal razón, no veían bien que ésos hubieran dormido mientras el Maestro pasaba angustia mortal en Getsemaní; ni que hubiese sido José de Arimatea quien sepultase el cuerpo de Jesús con unas mujeres sin la presencia de sus discípulos más cercanos (Mateo 27,57-61). Así, los evangelistas pusieron la tristeza o alegría de los apóstoles como causa de su sueño e incredulidad (Lucas 22,45 y 24,41, comparados con Marcos 14,37; 16,10-11.14; Lucas 24,11) y al señalar el seguimiento pusieron la imagen del apóstol fiel que lo sigue al Calvario a través de la participación de las mujeres ahí y la del "discípulo amado" (Juan 19,25-27).

Entre los "motivos dogmáticos" está la insistencia en la persona de Jesús. Luego de hablar del juicio de Jesús, el cuarto Evangelio afirma que él salió del Pretorio romano "cargando *él mismo* su *propia* cruz" para evitar que se pensara en que fue Simón de Cirene y no Jesús quien la cargó. De este modo, contrarrestaba la opinión de los "docetas" (herejes de los siglos I y II), quienes afirmaban que Jesús, siendo Dios, había sufrido y muerto sólo en apariencia (ver: Marcos 15,21 con Juan 19,17). Con el mismo sentido, el evangelista Mateo (27,33-35) dice que Jesús y todo cuanto le ocurre es cumplimiento de las Escrituras.

A su vez, los "motivos de catequesis y misión" derivan de las circunstancias en que cada evangelista difundió el mensaje cristiano. Marcos dirige su Evangelio a los paganos. Por ello, no presenta al apóstol o discípulo de Jesús confesando su divinidad, sino dejando al centurión romano que lo llame "Hijo de Dios", al verlo morir (comparar los títulos en Marcos 8,29 y 15,39). El texto parece indicar que el evangelista se acercó con tacto a los romanos haciéndoles ver: "Sé que ustedes son tan abiertos como un soldado que conozco. Aunque él estuvo cerca de la cruz de Jesús y tomó parte en su muerte por obligación… ¡supo descubrir su divinidad!".

La huella del autor

Como las anteriores, razones litúrgicas y misioneras de cada evangelista provocaron que las narraciones de la pascua de Jesús fueran presentadas como nos han llegado. Dicho de otro modo, cada Evangelio refleja los intereses de su autor y de su comunidad. En cada uno pueden verse huellas de su cultura, interés y orientación misionera. Cada uno presenta las mismas tradiciones cristianas pero a su modo y siguiendo sus propios esquemas y perspectivas. Por ejemplo: Marcos da su catequesis a los paganos; Mateo propone una pastoral eclesial en la que celebra el cumplimiento de las Escrituras en la persona y obra de Jesús; Lucas presenta una historia de salvación en que Cristo es el profeta por excelencia, cumpliendo la voluntad de Dios en Jerusalén, tierra de profetas, desde donde la buena noticia debe extenderse a todas partes (Hechos 1,8); y Juan propone que Jesús es la única y definitiva "Palabra, Vida, Luz y Verdad" de Dios.

En resumen, los relatos pascuales de las Escrituras cristianas o Nuevo Testamento no son sólo relatos históricos de un reportero de los tiempos de Cristo. También señalan en conjunto que la antigua Pascua ha sido superada por la de Jesús, de modo que el "nuevo éxodo" ya no se realizará desde otro Egipto geográfico, sino desde la raíz del mal, el pecado que genera muerte y que el antiguo sacrificio del cordero ya no es signo de liberación. De ahora en adelante lo serán la muerte y resurrección de Cristo y la comida que dejó como señal de esta "nueva alianza": "...hagan esto en memoria mía" (Lucas 22,19; 1 Corintios 11,24-25). De la misma manera, la antigua estructura del templo judío con sus ritos, fiestas y tiempos sagrados pasa a segundo término. Lo que interesa ahora es la adhesión total y consciente a Cristo y que esta conciencia cristiana se manifieste cuando alguien es capaz de dar la vida o parte de ella por sus hermanos ya en forma de servicio o también como solidaridad y ejemplo (Mateo 25, 31-46; Lucas 10,25-37; Juan 13,34-35).

Color de la Pascua cristiana

**3. Ecos de
la Pascua**

Los Evangelios no redujeron el anuncio de la Pascua de Jesús a las cuatro narraciones de su pasión, muerte y resurrección que conocemos. También se refirieron a tal evento con nuevos recursos, usando títulos, epítetos y símbolos para evocar el sacrificio de la muerte de Jesús o bien los de Hijo del hombre, Cordero, Serpiente en lo alto de un palo y León de Judá para señalar que en su persona se han cumplido antiguas esperanzas del pueblo (Juan 1,29; 8,28; 3,14; 12,32-33; Marcos 10,33; Apocalipsis 5,7).

Otro es el caso parecido de algunos temas particulares resumidos en un término como el de "la hora" y el de "la glorificación de Jesús", equivalentes a su muerte (Juan 1,14; 2,11; 3,14; 7,39) o bien el tema del sacerdocio de Cristo (carta a los hebreos) y, sobre todo, la insistencia en el valor redentor de la muerte del Señor Jesús.

*La muerte
de Cristo en
imágenes*

Junto a los anteriores deben considerarse también aquellas otras formulaciones y giros que sintetizan la razón de la pasión de Cristo o su alcance para la vida de los creyentes, resumidas en frases muy densas como las siguientes: "Sin efusión de sangre no hay redención" (Hebreos 9,15-28); la contemplación de Cristo en cuanto "ofrenda voluntaria" (Efesios 5,2), "Propiciación por medio de su sangre" (Romanos 3,25), "Nuestra Pascua ha sido inmolada" (1 Corintios 5,7-8) y las fórmulas "por nosotros" y "por nuestros pecados" (1 Timoteo 2,6; Gálatas 1,4).

Predicciones

A este campo pertenecen los relatos y las palabras de Jesús, o sobre él, que se refieren a los temas más amplios de la salvación y redención. Estas alusiones suelen aparecer en relatos de parábolas y de milagros o signos que parecen referirse intencionalmente a la pasión del

Señor (Mateo 21,33-46; 22,1-14; Marcos 3,1-6); y también las invitaciones a seguir a Jesús, presentadas como "predicciones de su pasión, muerte y resurrección": Marcos 8,31; 9,31; 10,33-34 y los textos paralelos de Mateo y Lucas.

En fin, todas las Escrituras cristianas o Nuevo Testamento no tienen otra finalidad que desarrollar el tema de la Pascua de Jesús. Además, por haber sido escritos después de ella, tienen un sabor y tono pascuales, o sea que de una u otra manera, aluden al misterio central de la fe cristiana: la muerte y resurrección de Jesús.

Como se antepone la muerte de Cristo con los eventos y tradiciones de ese momento?

SEGUNDA PARTE

La Pascua Cristiana

Las páginas anteriores han señalado un desarrollo his tórico y teológico de la Pascua, desde su origen más remoto hasta la nueva pascua realizada en la persona de Jesús. Por su parte, las comunidades cristianas han experimentado y profundizado tal misterio pascual y lo han celebrado litúrgicamente en todo tiempo y cultura, acomodándolo tanto a su vida interna como a su misión en el mundo en cuanto comunidad de Jesús. De ello se hablará en adelante.

La muerte y la resurrección de Jesús fueron consideradas por los primeros cristianos no sólo como centro de su fe sino también como eje en torno al cual debe girar la vida de la comunidad entera en su culto, piedad, obras y misión. Para evocar este misterio en conjunto, aquellos primeros cristianos asumieron el primer día de la semana judía como día de su celebración pascual. Este día coincidía con el día posterior al sábado, según el calendario judío, y con el "día del sol" del calendario grecorromano.

De esta manera, la comunidad cristiana repetía en forma periódica y cada ocho días lo que había ocurrido al principio de su camino en la fe. En consecuencia, su vida y su acción misionera entre los hombres transcurrían con la presencia continua de su Jesús, el Viviente. Esta primera Pascua cristiana cristalizó en dos direcciones y celebraciones: la del domingo de cada semana y la del ciclo pascual a lo largo del año y en cada año.

1. El Domingo

Los Evangelios anotan claramente que la resurrección de Jesús ocurrió el primer día de la semana, pasado el sábado judío (Mateo 28,1; Marcos 16,9; Lucas 24,1; Juan 20,1). A partir de este dato, el primer día de la semana se convirtió para la comunidad en día memorial de lo que había ocurrido un día como ése, pero también en un día de ansiedad, turbación e incógnita sobre lo que sucedería después.

En pocas palabras, cada "primer día de la semana" evocaba el pasado, pero significaba tensión hacia el futuro. En consecuencia, la comunidad cristiana lo asumió como su día de reunión, de encuentro fraterno y de unión y relación solidarias. Era el día en que se celebraba "la fracción del pan" (nombre de la eucaristía) y lo llamó "Día señorial" o "Día del Señor" (Hechos 20,7; 1 Corintios 16,2; Apocalipsis 1,10) porque evocaba la promesa de Jesús sobre su próximo retorno o parusía.

El Día del Señor

La reflexión cristiana, teológica y pastoral sobre el domingo fue capital y definitiva para su celebración posterior. El giro "Día señorial" o "Día del Señor" aunque no es original del Apocalipsis (1,10) sí evoca a otro semejante de las Escrituras hebreas o Antiguo Testamento, utilizado para calificar las visitas o intervenciones históricas de Dios en favor del pueblo.

Inicialmente sirvió para recordar las liberaciones de

los enemigos concretos del pueblo o la salvación de situaciones críticas en circunstancias y lugares determinados del pasado tales como "el día de Masá", "el día de Madián", "el día de Yesreél" y "el día de Gabaón" (Salmo 95,8; Isaías 9,2-3; Óseas 2,2,; Josué 10,12-14). En otras palabras, en esta primera fase el giro evocaba los acontecimientos históricos y era modelo de la salvación pasada.

En un segundo momento, el profeta Amós (2,16; 3,14; 4,2; 5,18; 8,9-13; 9,11-13) en el siglo VIII a. de C. promovió el uso de la misma frase para indicar no ya una liberación ocurrida en el pasado del pueblo sino la intervención futura de Dios contra los israelíes confiados y seguros de sí mismos.

Posteriormente, tanto antes como después del exilio a Babilonia (587-538 a. de C.), otros profetas colorearon la expresión "día del Señor" describiéndola como tiempo de angustia, clamor, miedo y tinieblas (Isaías 2,11; Sofonías 1,14-15; Jeremías 30,5-7) o también en forma de cataclismo cósmico, desgracia universal y una especie de retorno al caos inicial (Joel 3,3-4; Malaquías 3,19-23). Esta presentación siguió hasta los tiempos de Jesús.

Para sus primeros discípulos, tal "Día del Señor" evocaba la visita de Dios culminada con la elección y premio a los fieles y el consecuente castigo a los infieles, sobre todo de Jerusalén (Marcos 13). El paso siguiente fue considerarlo como "juicio final", total y definitivo, con los acentos con que los profetas del Antiguo Testamento habían dibujado ese "Día de Yahvé" en sus oráculos contra Israel y los pueblos (Mateo 25,31-56).

La reflexión de los autores sagrados y de los primeros teólogos y pensadores cristianos, padres de la Iglesia y autores eclesiásticos no terminó en considerar al día do-

El primer día

mingo como un buen equivalente del sábado judío. Para ellos, el Día del Señor coincidía y equivalía ciertamente con el día de la resurrección de Jesús, sucedida el primer día de la semana judía. Sin embargo, la expresión "Día del Señor", del que derivó "Domingo", les sirvió además para releer todos los acontecimientos de la historia de la salvación.

El principio de la salvación   De consecuencia, a este día domingo se le interpretó como "el primer día" de la historia general, aniversario de la creación y por lo mismo:

- el primer día de la luz, el tiempo original en que el día quedó separado de la noche y el inicio absoluto de todo ser, vida y dinamismo (Génesis 1,3-5; 2,4)
- "el primer día" de la nueva alianza entre Dios y toda la humanidad representada por Noé (nuevo Adán) y su tierra (paraíso) rescatados del diluvio (Génesis 9)
- "el primer día" de la liberación de Egipto y la formación del pueblo elegido, rescatado de ésa y de toda esclavitud humana y demoníaca (Éxodo 12)
- "el primer día" de la entrada a la tierra prometida y, por lo mismo, el del cumplimiento de las promesas de Dios a Abrahán (Génesis 12,1-4; Josué 3—4)
- "el primer día" de la presencia concreta del Mesías entre los hombres (encarnación y nacimiento de Jesús), a la vez que inicio de su predicación y acción entre las personas liberándolos de Satanás con sus señales mesiánicas (Lucas 1,26-38; 2,11; 4,21; Juan 2,1-11)
- "el día" primero de la resurrección de Jesús (Marcos 16,1-8); "el día" de la parusía, del retorno glorioso de Jesús y de su presencia definitiva en su comunidad (Juan 20,19; Hechos 20,7)
- y el "primer día" de la muerte del creyente, el de la

eternidad con Dios, inicio de la consumación, restauración del cosmos y beatitud celeste (Marcos 10,37; Lucas 19,11; Hechos 1,6-7)

Por otra parte, el Día del Señor se prestó a otra interpretación teológica y simbólica. En primer lugar y por la coincidencia del domingo cristiano con el "día del sol" romano, a los teólogos cristianos les resultó fácil aprovechar esa situación y encontrar textos bíblicos oportunos que superaran el sentido del día pagano. Las Escrituras ayudaban para esto: Cristo había afirmado ser la "Luz del mundo" (Juan 8,12) y el profeta Malaquías también había anunciado que "Un sol de justicia brillará para quien tema mi nombre" (4,2). De este modo, Cristo resultó para ellos este "Sol" a quien se relacionó con el sol (luz) de la creación (Génesis 1,1-2), desarrollado en el Evangelio de Juan (1,4; 3,19; 9,5; 12,46).

El símbolo de la vida

Además, como a los antiguos gustaba utilizar el simbolismo de los números, a los que se daba más valor cualitativo que cuantitativo, el "día primero" les significó también el "día octavo", esto es: siete (perfección) más uno (= 8: perfección total y suprema, la beatitud y la gloria).

De esta manera, el Día del Señor, el *Domingo*, era el día de los días, el día perfecto por excelencia, el signo de la vida plena y definitiva, un adelanto del reposo divino (Génesis 2,2-3; Salmo 95,8-11; 118,24; Hebreos 3,7-18) y tiempo de contemplación y de efusión del Espíritu, como señaló Pedro en su discurso el día de Pentecostés (Hechos 2,15-21).

Desde los primeros siglos el domingo fue importante en la vida y tradición cristianas. Primeramente se le consideró "día de la comunidad": se prohibió

Celebración del Domingo

rezar de rodillas por ser ésta una actitud de esclavos; también se eliminó el ayuno, característica de los días de penitencia; se acentuó el tema de la alegría que debía caracterizar a la comunidad a causa de la resurrección de Jesús y creció la necesidad de la celebración eucarística.

Por los datos bíblicos y extrabíblicos de que se dispone (*carta de Plinio el Joven*, la Didaskalía, Doctrina de los 12 apóstoles y citas de las Escrituras cristianas o Nuevo Testamento) se sabe de una reunión de los cristianos en la tarde y noche del domingo en la que se cantaban himnos a Cristo, se hacían lecturas de la Escritura hebreas, se tenía una homilía, había promesas de conversión y se celebraba una comida común (Hechos 20,7; 1 Corintios 16,2; Apocalipsis 1,10).

Evidentemente las dos partes de la reunión dominical (comida de solidaridad de la comunidad y celebración de la eucaristía) formaban una celebración especial y tenían varios sentidos: evocaban las despedidas de Jesús y su alerta "hasta que vuelva" en su parusía; continuaban la tradición en torno al "Día del Señor" considerado como retorno al paraíso; y unían a la comunidad misionera de Jesús en el mundo.

Por otra parte, en el año 321 d. de C. el Emperador Constantino promulgó dos leyes ordenando el descanso y respeto al domingo, tanto para acercarse a los cristianos como para conciliar el festejo de éstos con el culto al sol, tradición entre los paganos de Roma.

Posteriormente, en el siglo V con afán misionero, la Iglesia suplantó el nombre pagano "día del sol" (presente aún en varias lenguas germánicas: *Sonntag, Sunday, Zondag*) con el "Día del Señor" de las lenguas latinas: *Domingo, Dimanche, Domenica*.

Además, para impedir que tal día fuese considerado

como tiempo de ocio y evasión de la realidad, se le consideró tiempo espiritual y de caridad fraterna, insistiéndose en la participación a la Eucaristía, necesaria para alimentar la vida de la comunidad.

Finalmente, desde el siglo VI se prescribió "abstenerse de labores serviles" y luego se reglamentó el descanso obligatorio, aspecto que lo asemejó un poco al sábado judío y que oscureció parcialmente la perspectiva de Jesús sobre el uso y sentido del tiempo: "El sábado fue hecho para el hombre y no el hombre para el sábado" (Marcos 2,27-28).

La teología contemporánea trata de romper el esquema "trabajo—descanso—trabajo" creada por la sociedad del consumo. Esto la lleva a negar la concepción del descanso dominical como una recuperación de fuerzas para producir más:

Nuevas orientaciones

• a concebir ese reposo como preparación y adelanto del definitivo en los últimos tiempos (Génesis 2,2-3; Salmo 95,7; Hebreos 3,7-19)
• a proponer a su Domingo como denuncia de la esclavitud alienante y dominante que se da en muchos Egiptos y situaciones humanas
• a protestar contra la soledad del hombre y pide que en el Día del Señor toda comunidad cristiana sea capaz de sugerir un nuevo estilo de vida a los hombres con los que vive y entre los que crece
• y a plantear que el tiempo no es una cosa que dominar o espacio que aprovechar

Por ello, la Iglesia pide que se le respete la perspectiva con que Dios lo bendijo y santificó. Así, el domingo es un ambiente festivo en que cada persona respeta la voluntad divina, se reconoce a sí mismo, encuentra a sus hermanos y alcanza a su Creador.

De este modo, la institución cristiana del domingo es el mejor resumen del tiempo y de la historia; una ocasión propicia en que Dios visita a su pueblo (Lucas 1,78); un día de fiesta y el día de la comunidad, la Pascua semanal y la puerta de acceso a la eternidad.

Concilio
Vaticano II y
Domingo

La Iglesia, por una tradición apostólica que trae su origen del mismo día de la resurrección de Cristo, celebra el misterio pascual cada ocho días, en el día que es llamado con razón "día del Señor" o domingo. En este día, los fieles deben reunirse a fin de que, escuchando la Palabra de Dios y participando en la Eucaristía, recuerden la pasión, la resurrección y la gloria del Señor Jesús y den gracias a Dios, que los *hizo renacer a la viva esperanza por la resurrección de Jesucristo entre los muertos* (1 Pedro 1,3). Por esto, el domingo es la fiesta primordial, que debe presentarse e inculcarse a la piedad de los fieles de modo que sea también día de alegría y de liberación del trabajo. No se le antepongan otras solemnidades, a no ser que sean de veras de suma importancia, puesto que el domingo es el fundamento y el núcleo de todo el año litúrgico.

Constitución Sacrosanctum Concilium, #106

La
santificación
del domingo
según los
escritos del
Papa Juan
Pablo II

La carta apostólica del Papa Juan Pablo II *Dies Domini* promulgada el 31 de mayo de 1998 forma ya parte del patrimonio de la Iglesia sobre el domingo cristiano. El documento expone en cinco densos capítulos los principales temas que giran en torno al día del Señor, una de las instituciones cristianas mejores de la humanidad. Luego de una introducción sobre el tema (números 1-8), el primer capítulo habla de la celebración de la obra del Creador tomando en cuenta algunos textos bíblicos (Juan 1,3; Génesis 1,1; 2,3) y acentuando el paso del sábado al domingo en la rica tradición cristiana (números 8-18)

El segundo capítulo, en cambio, Día de Cristo, festeja el día del Señor resucitado y el don del Espíritu. En este capítulo, el interés de la catequesis se fija en la riqueza del día domingo como evocación de la Pascua, imagen de la eternidad, presencia de Cristo como luz del mundo, el don del Espíritu Santo a la comunidad y el día en que todos los cristianos celebran su fe (números 19-30).

Por su parte, el capítulo tercero, Día de la Iglesia, pone su atención en la celebración de la Eucaristía que es el centro de la vida de la asamblea cristiana y del mismo domingo. El texto propone el nombre de Día de la Iglesia para el domingo ya que en esta ocasión ella se une como pueblo peregrino que vive de esperanza y quiere realizar su misión en torno a la mesa de la Palabra y del Cuerpo de Cristo, banquete pascual y ocasión de encuentro fraterno. Entre las características que se le atribuyen a esta celebración se insiste en el gozo, canto y participación que deben animar toda celebración eucarística (números 31-54).

Con el nombre "Día del ser humano", el cuarto capítulo del documento señala la utilidad del domingo en la vida de la comunidad cristiana cuyos acentos están en el descanso y en la solidaridad (números 55-73).

En cambio, el quinto capítulo "El Día de los días", superlativo con ascendencia bíblica (Cantar de los cantares) señala que el domingo es la fiesta primordial en que se revela la realidad y sentido de todo el tiempo con Cristo como su Alfa y Omega. En el mismo capítulo se señala también la función del domingo dentro del año litúrgico de la Iglesia (números 74-80).

Por su parte, la introducción y conclusión (números 1-7 y 81-87) sólo añaden las circunstancias en que se origina este documento y resumen su perspectiva general.

2. El ciclo pascual anual

No contentos con la celebración pascual de cada domingo, los cristianos se propusieron festejarla anualmente para involucrar todo el tiempo en este misterio de salvación. Así pues, en diversos lugares y momentos surgieron celebraciones complementarias a la Pascua.

La primera cuestión consistió en fijar la fecha en la que debía celebrarse. Algunos, los llamados "cuartodecimanos", de origen judeocristiano, opinaban que fuese el día 14 del mes *nisán*, verdadero aniversario anual de la muerte de Cristo, como testimoniaban los Evangelios. Otros, en cambio, propusieron que fuese el domingo siguiente al equinoccio de primavera ya que la comunidad celebraba su eucaristía en ese día.

Aunque triunfó la opinión de la celebración dominical, las diversas tradiciones locales y las imprecisiones en el cálculo del tiempo de los calendarios utilizados entre los siglos II y VI provocaron que la decisión en favor del domingo no tuviera efecto inmediato. Finalmente, la celebración de la Pascua se uniformó con los cálculos astronómicos del monje Dionisio —El Pequeño— (siglo VI) y las correcciones posteriores del Papa Gregorio XIII del 4 de octubre de 1482 que anulaban 10 días (entre el 4 y 14 del mes de octubre de ese año) intercalaban años bisiestos cada cuatro y omitían el "29 de febrero" en los años 1600 y 2000.

Con el tiempo y para realzar la fiesta de la Pascua surgieron períodos especiales antes y después de ella (la Cuaresma y la cincuentena o Pentecostés) y otros acentos durante la Semana Santa y el Triduo Pascual.

La cuarentena o Cuaresma se formuló en el siglo IV en las comunidades cristianas de Oriente y, en el siglo siguiente se estableció en las comunidades de Occidente. Su origen tuvo relación con los días de ayuno que se practicaban antes de la Pascua para conmemorar, a manera de duelo, la muerte de Jesús y expiación por los judíos. Los días de ayuno eran 40 o bien los días viernes y sábado, la Semana Santa o tres semanas antes de la Pascua.

En un principio, la Cuaresma comenzaba cinco domingos antes de la Semana Santa y concluía el Jueves Santo. En el siglo V se retrasó media semana para que el cálculo de los días de ayuno fuese exacto (40 días) y entonces comenzó el Miércoles de ceniza. En el siglo VI se le antepuso a la Cuaresma la semana quincuagésima como tiempo de preparación y ambientación y, en el siglo VII se le antepusieron las dos semanas sexagésima y septuagésima. Esta superestructura postiza terminó con la reforma litúrgica del Concilio Vaticano II que las hizo desaparecer para devolver al ciclo pascual su sentido original.

Por otra parte, cuando en el siglo IV se organizó debidamente la práctica penitencial de los pecadores públicos y su rehabilitación en la comunidad cristiana, se reglamentó que los cristianos se cubriesen de ceniza de acuerdo a la costumbre bíblica, vistieran ropas ásperas y se retiraran de la comunidad para hacer penitencia como Adán, fuera del paraíso (Génesis 3,23-24; Judit 9,1; Mateo 11,21).

La reflexión teológica, las circunstancias de nuestro tiempo y las reformas litúrgicas han propiciado que el período de la Cuaresma ya no se conciba como tiempo de penitencia sino cuanto una etapa de ascesis y de preparación a la Pascua, en el que prevalezcan auténticas actitudes de fe: silencio, conversión y compromiso bautismal. Otras veces y por falta de voluntad y preparación este período de la cuaresma se ha reducido a los elementos exteriores de la abstinencia, mortificación y ayuno a medias que señalan, aunque no realizan, el cambio interno de la persona y de la comunidad.

ACTITUDES PARA LA CUARESMA

En la tradición bíblica, el cuarenta era un símbolo de la vida entera o de un período de crisis material y de quebranto espiritual. Con él se señalaban aspectos humanos como los de la impotencia, caducidad, transitoriedad, limitación, fragilidad y dependencia de la persona (Génesis 7,12; Éxodo 16,35; 24,18; Jonás 3,4; Mateo 4,2). Actualmente para celebrar y vivir dignamente la Cuaresma, la liturgia pide al cristiano algunas actitudes convenientes.

Silencio y escucha. Las primeras condiciones para vivir la Cuaresma son el silencio y la escucha de la Palabra de Dios. El silencio no es sólo estar callado, sino aquietar, tranquilizar el alma y permitir que la fe admire y contemple el misterio de Dios y de su voluntad que a todos ama y salva, de modo que "cuando la persona está callada Dios se revela". En cambio, la escucha de la Palabra señala una actitud de respeto y acogida con la que se hace caso al Dios Viviente que dialoga con sus hijos e hijas. La actitud de escucha en la Cuaresma señala que cuando los creyentes escuchan, se miden, se aceptan, se abren a Dios y lo atienden y obedecen.

Conversión y compromiso bautismal. La conversión no es una pura y simple disposición humana, ni una renovación o cambio intelectual ni aún propiamente de conducta, sino la aceptación de un don de Dios que permite a quien lo recibe, buscar y encontrar la novedad que él nos propone. Por ello el tema bíblico de la conver-

ayuno ? espiritual y fisico ?

sión sugerido por la liturgia de Cuaresma exige una respuesta incondicional del creyente así como una orientación total de cada uno y de toda la comunidad hacia la nueva creación de Dios.

Por su parte, el compromiso bautismal recuerda el cumplimiento de aquellas promesas de renovación que el creyente aceptó al bautizarse. Esta fue la orientación primera que la Cuaresma tuvo en cuanto tiempo de preparación al Bautismo. Además es la ocasión propicia para que el "pecador público", o sea, aquella persona que se ha alejado de su comunidad con faltas graves (más que la persona perversa) se recupere y sea admitida de nuevo dentro de su comunidad, convertida y comprometida.

Es el miércoles cuando comienzan propiamente los cuarenta días que preceden a la Cuaresma. En el siglo IV el recurso de la ceniza, otros signos y ritos penitenciales similares eran las señales con que el pecador señalaba su conversión. Este gesto del uso de la ceniza, tan sugestivo y tradicional en la cultura bíblica, consistía en echarse ceniza sobre la propia cabeza, sentarse en ella o sobre tierra para señalar una situación emocional, real y de fe con la que se pretendía señalar el estado de postración que un creyente estaba viviendo.

Miércoles de Ceniza

Paulatinamente, con la desaparición de la práctica penitencial en el siglo VI, el uso de la ceniza se extendió a todos los fieles y hacia el año 1001 el Papa Urbano II lo sugirió también como un signo apto para los mismos clérigos. A partir de ese momento todos los cristianos se unieron solidariamente en la misma dinámica cuaresmal (cortarse el pelo o dejárselo crecer según la costumbre de cada lugar, practicar abstinencia y ayuno, usar ropa oscura o común, rezar extensamente y practicar obras de caridad y solidaridad con los pobres).

La Iglesia volvió a asumir este rito de la imposición de la ceniza señalando con él los principales sentidos que la tradición bíblica le atribuyó, a saber: la solidaridad con las personas piadosas de las Escrituras hebreas o Antiguo Testamento (Job, Judit, habitantes de Nínive, Elías, Job 2,8; Jonás 3,6; Ezequiel 27,30); reflejar una imagen del propio corazón con la representación externa de la conversión, adoptar un compromiso sincero con la tierra y la comunidad humana, como apuntan las dos fórmulas que acompañan el momento de recibir esa ceniza o polvo: "Acuérdate que eres polvo y al polvo has de volver" (Génesis 3,19) y "Arrepiéntete y cree en el Evangelio" (Marcos 1,14).

Semana Santa   Desde el siglo IV al V a la semana inmediatamente anterior a la noche pascual se le empezó a llamar semana "pascual", "mayor", "auténtica" y "santa". Con el tiempo, los primeros cuatro días de ella y toda la anterior al Domingo de Ramos formaban el llamado "tiempo de pasión" que concluía el Jueves Santo para dar paso al Triduo Pascual. Tradicionalmente se le sigue llamando así por la suma de elementos pascuales que tiene y que conviene analizar por separado dada la riqueza propia de cada elemento y las celebraciones con las que la liturgia los ha rodeado.

DOMINGO DE RAMOS

Según el testimonio de Egeria —una peregrina— durante el siglo IV se efectuaba una procesión con palmas y ramos en Jerusalén. Esta iniciaba en el Monte de los Olivos y terminaba en la Basílica de la Resurrección. Con ella se pretendía recordar la entrada triunfal de Jesús a Jerusalén como Mesías de acuerdo a los Evangelios que adaptaban al Maestro los oráculos proféticos de

Zacarías e Isaías (Mateo 21,1-11; Zacarías 9,9; Isaías 62,11): "Digan a la hija de Sión: Mira, tu rey viene a ti, humilde y sentado en un burro, en un borrico, cría de animal de carga".

En los siglos posteriores al IV, las comunidades cristianas acostumbraron señalar la presencia de Cristo en esa procesión con la del obispo que presidía la ceremonia o con el Libro de los Evangelios llevado en un trono, incluyendo a la hostia consagrada.

Ahora bien, el actual "Domingo de Ramos" tiene dos características propias: la procesión con ramos y palmas antes de la Eucaristía y la lectura del texto de la pasión de Jesús dentro de ella en el momento del "Evangelio".

Esta celebración de la entrada triunfal de Jesús a Jerusalén recuerda a la persona bautizada que el mundo no está acostumbrado a ver que alguien dé la vida por los demás y, menos aún, a aceptar que vivir tiene sentido cuando es convivir, compartir y acompañar al hermano y la hermana como lo hizo Jesús y no simple existir o coexistir. Por su parte, la "proclamación del texto de la pasión" es el anuncio adelantado de lo que ocurrirá en la semana.

En una palabra, toda la celebración es como el reverso de la Pascua: mientras que el Domingo de Ramos parte del reconocimiento de Jesús como Mesías que va a Jerusalén para aceptar su destino profético; el Domingo de Pascua de Resurrección, en cambio, inicia reconociendo la muerte de Jesús y termina confesándolo como el Viviente, el Cristo y el Señor.

JUEVES SANTO

Este día se distingue, actualmente, por dos celebraciones. Por la mañana, el obispo y los sacerdotes de su diócesis concelebran en la llamada "Misa Crismal", durante la cual se bendice el "óleo de los enfermos" y el "óleo de los catecúmenos" que servirán en los sacramentos de la Unción de los Enfermos y del Bautismo, si bien el rito puede hacerse también en otra circunstancia inmediatamente antes del Triduo Pascual. En tal Eucaristía se consagra el crisma que se ocupará en los sacramentos del Bautismo, Confirmación y Ordenación a lo largo del año y en algunas consagraciones especiales. Esta celebración matutina carga el acento hacia la institución del sacramento del Orden Sacerdotal y a la unidad de los presbíteros en torno a su obispo.

En cambio, durante la Eucaristía vespertina, el acento se orienta hacia este sacramento y a evocar sus ricas resonancias bíblicas: memorial del sacrificio del Cordero Pascual, el recuerdo del banquete mesiánico, la cena de Jesús con sus discípulos así como la celebración de todo el memorial pascual de Jesús: entrega voluntaria de su cuerpo y sangre para salvación de todas las persona; ejemplo de servicio, esencia de la comunidad cristiana ("Hagan entre ustedes lo mismo que yo"), simbolizado con el lavatorio de los pies; actualización del mandamiento del amor ("Les doy un mandamiento nuevo: Ámense los unos a otros. Por el amor que se tengan los unos a los otros reconocerán todos que son discípulos míos". Juan 13,34-35) y la repetición de su encomienda ("…hagan esto en memoria mía". Lucas 22,19).

Triduo Pascual   El Triduo Pascual son los tres días centrales de la fe cristiana: día de la muerte de Jesús, el de su sepultura o meditación del sentido de esa muerte y el de su resurrección. La Eucaristía del Jueves Santo por la tarde es como una introducción majestuosa al mismo. Por ello, el Triduo es el corazón y punto culminante del año litúrgico. Consiguientemente, no es tiempo de ascesis o penitencia, sino de quietud, meditación y contemplación.

Contando al estilo moderno (desde el Jueves Santo al Domingo de Pascua), algunos cristianos piensan que se trata de cuatro días. Sin embargo, el cálculo debe tomar en cuenta el estilo oriental y la costumbre antigua, que son los de la Iglesia. Según esto, el día de la Iglesia empieza cuando el sol se oculta (nuestras "primeras vísperas" en las solemnidades). Recuérdese que el día jueves empieza tan pronto el sol se oculta en la tarde del miércoles, por lo mismo, el cálculo del Triduo Pascual permanece inalterable.

VIERNES SANTO

Tanto el Viernes Santo como el Sábado Santo son días sin sacramentos y están consagrados enteramente al recuerdo del Mesías doloroso, sacrificado y sepultado para redención de la humanidad.

Aunque la piedad popular se ha orientado más hacia los aspectos un poco teatrales del Viernes Santo como el "Vía Crucis viviente" (representación de la pasión) y su entorno (Sermón de las Siete Palabras y celebraciones del llamado Santo entierro y Pésame), la liturgia insiste en otros elementos: celebración de la palabra y rito de la "adoración de la cruz", a los que le sigue la recepción de la Eucaristía.

Los tres momentos principales de la celebración vespertina son Liturgia de la Palabra, Adoración de la Cruz y Rito de Comunión.

La *Liturgia de la Palabra* se compone de las dos lecturas tradicionales (Isaías 52,13—53,12; Hebreos 4,14-16 y 5,7-9) y el Evangelio de la pasión, según el cuarto Evangelio (Juan 18,1—19-42). Los textos acentúan el carácter de sacrificio que tiene la muerte de Cristo pero sin resaltar el lado oscuro o mortal del mismo sino el glorioso y salvífico con que Dios reconcilia a la humanidad consigo y a ella entre sí. A las lecturas le sigue una gran oración universal en la que toda la comunidad reza por la Iglesia, el Papa, el pueblo de Dios y sus ministros, los catecúmenos que se preparan a recibir el Bautismo, la unión de los cristianos, los judíos, los no creyentes en Cristo ni en Dios, los gobernantes y quienes se encuentran en alguna tribulación.

La *Adoración de la Cruz* consiste en una procesión con este signo fundamental de la fe cristiana en que Cristo ofrece la salvación de Dios a través de su muerte. A ella le sigue el gesto de la adoración que puede ser un beso, inclinación, contacto con frente o mano, genuflexión o postración por parte de los presentes mientras se recitan o cantan los "improperios" que son textos bíblicos en que Dios se queja de la infidelidad de su pueblo o bien de otros cantos apropiados.

El *Rito de la Comunión* por su parte, comprende tres momentos: el acompañamiento del Santísimo desde el lugar en que se le conservó ocasional y solemnemente en la vigilia hasta el altar, la participación en la comunión y una oración conclusiva.

"Las Siete Palabras"

La piedad cristiana ha resumido los últimos momentos de Jesús en la Cruz en las Siete Palabras que le atribuyen los Evangelios, a manera de testamento final. En ellas, Cristo Maestro refleja su conciencia mesiánica y la razón de su misión. Dada la importancia que el pueblo les atribuye y la forma en que las venera, con frecuencia forman parte de una homilía especial a la supuesta hora de la muerte de Jesús en su Cruz.

Las Siete Palabras no aparecen en un solo Evangelio

pero su número y orden se dan al combinar los datos de los evangelios de Mateo, Lucas y Juan:

1. Padre, perdónalos, porque no saben lo que hacen (Lucas 23,34)
2. Te aseguro que hoy estarás conmigo en el paraíso (Lucas 23,43)
3. Mujer, ahí tienes a tu hijo... Ahí tienes a tu madre (Juan 19,26-27)
4. Dios mío, Dios mío, ¿por qué me has abandonado? (Mateo 27,46; Salmo 22,2)
5. Tengo sed (Juan 19,28)
6. Todo está cumplido (Juan 19,30)
7. Padre, en tus manos encomiendo mi espíritu (Lucas 23,46; Salmo 31,6)

SÁBADO SANTO

Es el segundo día del Triduo Pascual. Aunque es un día sin Eucaristía, a excepción de la que se da en forma de viático, su sentido y riqueza se simbolizan en el altar desnudo de las iglesias. Este simbolismo evoca la situación de todo cristiano y comunidad tras la muerte de su Señor: tiempo de meditación y de duelo, de reflexión y de arrepentimiento, de serena meditación y abierta esperanza en la próxima resurrección de Cristo.

Por desgracia, aún perdura entre el pueblo la amarga vivencia del llamado y supuesto "sábado de gloria" que provoca alguna frivolidad, aunque la Iglesia insiste en el contexto de oración y piedad que debe rodearlo.

SOLEMNE VIGILIA PASCUAL

Varios textos del Nuevo Testamento o Escrituras cristianas afirman que algunas comunidades cristianas celebraban en el siglo I su Eucaristía en horario nocturno y con tinte pascual (Juan 20,1; Hechos 20,7; Apocalipsis 1,10). Cuando la Pascua tuvo su celebración anual, pasado el equinoccio de la primavera, no se perdió esa costumbre antes bien fue reforzada con nuevos ritos.

Después de acomodos, desdoblamientos, retoques y amplificaciones, la liturgia actual ha logrado una celebración o vigilia pascual rica y emotiva que, sin embargo, todavía no atrae la atención total, sentida y comprometida de los cristianos. Esta celebración se divide en cuatro secciones que se califican por el elemento que las define: la luz, la Palabra, el Bautismo y la Eucaristía.

UNA LITURGIA MULTICOLOR

La *"Liturgia de la luz"* comienza con la bendición del "fuego nuevo", rito que se celebra a la entrada del templo o en un lugar apropiado fuera del mismo. Antiguamente, este fuego nuevo se tomaba de una "luz guardada" desde el Jueves Santo o Viernes Santo en un lugar escondido; o también se lograba sacando chispas de piedra de pedernal. Actualmente, bastan unos cuantos carbones encendidos y bendecidos al momento para sacar de su fuego nuevo la llama que encenderá el cirio pascual.

En este cirio se graban algunos signos alusivos a la historia de la salvación orientada hacia el misterio de Cristo, tales signos son: la primera y última letra del alfabeto griego, alusivas al nombre divino y de Cristo (Isaías 41,4; Apocalipsis 22,13); la Señal de la Cruz, lograda con cinco granos de incienso; la inscripción de cada una de las cifras del año en curso en los espacios de la cruz que reflejan la consagración del tiempo a Dios y la actualización de la Pascua de Cristo.

En segundo lugar se realiza la procesión con el cirio pascual hacia el altar, llevándolo en alto mientras progresivamente se encienden las luminarias o velas que llevan los presentes y las luces de la iglesia. Este peregrinar evoca escenas del éxodo y temas como los de la presencia de Dios en medio de su pueblo como guía de nube y fuego y el seguimiento de Cristo (Ex 13,21-22; 40,36-38; Jn 8,12; 12,35-36).

Por último, viene el "Pregón pascual", que es una composición poética que se recita o se canta en el presbiterio, ante el cirio pascual, enumerando los acontecimientos principales de la historia de la salvación que el rito evidencia: liberación del pueblo de Dios del antiguo Egipto, redención de la humanidad a través de la muerte de Cristo, unión de ésa con la Divinidad y el tema central que da sentido a todo: la resurrección de Cristo. Al mismo tiempo, el himno repasa el simbolismo bíblico latente en los signos del fuego, la luz y la noche que ambientan a la celebración.

A su vez, la *"Liturgia de la Palabra"* incluye la proclamación de siete lecturas de textos fundamentales del Antiguo Testamento, alusivos a la presencia del Mesías en medio de su pueblo y separadas por salmos responsoriales y oraciones. A ésas sigue la epístola y el Evangelio comunes en toda Eucaristía. Las lecturas son: Génesis 1,1—2,2: creación del mundo (o forma breve: creación del hombre: 1,1.26-31); Génesis 22,1-18: el sacrificio de Isaac (o forma breve: 22,1-2.9.10-13.15-18); Éxodo 14,15—15,1: la salida de Egipto y el paso del mar; Isaías 54,5-14: elección de la nueva Jerusalén; Isaías 55,1-11: los bienes de la nueva alianza; Baruc 3,9-15.32—4,4 (sobre la sabiduría de Dios); Ezequiel 36,16-28: el agua, espíritu y corazón nuevos; Epístola: Romanos 6,3-11 (la vida nueva gracias a la muerte de Cristo y el Bautismo); y el Evangelio: Mateo 28,1-10 (Año A), Marcos 16,1-8 (Año B) y Lucas 24,1-12 (Año C), todos ellos sobre el tema central de la resurrección de Jesús.

La tercera parte de la vigilia pascual —*Liturgia bautismal*— comienza con la recitación o canto de las "letanías de los santos" si es que en la celebración hay personas que van a ser bautizadas. A ellas sigue la bendición del agua bautismal en la que se introduce el cirio pascual, símbolo de Cristo que muere y resucita.

La sección culmina con la renovación de las promesas bautismales (renuncias al mal y fórmulas de fe) con las que toda la comunidad creyente rechaza el mal y confiesa su adhesión a Dios, repitiendo conscientemente las promesas de su Bautismo.

Por fin, la *"Liturgia Eucarística"* es la celebración de la Misa como de costumbre, a partir del ofertorio, exceptuando algunos formularios propios de este día y tiempo pascual.

RESURRECCIÓN DE JESÚS

Las narraciones evangélicas de la Resurrección del Señor Jesús manifiestan al unísono el triunfo de éste sobre la muerte y el pecado, pero también los alcances de la nueva vida que Dios otorga a través de este misterio.

Los relatos evangélicos no hablan directamente de la escena de la resurrección como si se tratara de un acontecimiento histórico como cualquier otro, pero resaltan y acentúan sus consecuencias y la nueva vida que se desprende de ella.

A su vez, los relatos sobre las apariciones del resucitado se refieren a manifestaciones de Cristo a los testigos oficiales (apóstoles) y a personas principales de la comunidad como María Magdalena y los discípulos de Emaús. Estos relatos tienen el sentido de asegurar a los cristianos el triunfo definitivo de Jesús sobre el pecado y la muerte; permitirles experimentar la presencia directa de Dios, el Señor de la vida y constituirlos en mensajeros de Jesús resucitado.

Por su parte, San Pablo habla en sus escritos de la resurrección del cristiano y afirma que ésa y sus efectos comienzan ya desde el Bautismo.

Por lo tanto, la resurrección de Jesús no debe verse como una vuelta a la vida normal, vivificación o reanimación de su cadáver. No puede equiparársele como supervivencia o transmigración del alma y menos todavía como una evasión o liberación de la materia, e inclusive, a manera de inmortalidad desde la perspectiva filosófica de los antiguos griegos.

La resurrección es, en cambio, plenitud de la vida, encuentro definitivo con Dios o, de acuerdo a la formulación de San Pablo: el estado y situación en que "Dios va a ser todo en todos". El Jesús que muere es el mismo que resucita pero a nivel de los vivientes según Dios (1 Corintios 15).

Es la prolongación de la Pascua. Aunque recibe el nombre de una fiesta agrícola bíblica (la recolección del trigo: Éxodo 23,14-17; 34,18-23; Levítico 23) que se relacionó con la alianza del Monte Sinaí y el don de la ley, la fiesta cristiana sigue su propio camino evocando la maduración de la fe en el resucitado y el envío del Espíritu Santo a los cristianos (Hechos 2,1-12; Juan 19,30; 20,22-23).

Cincuentena pascual o Pentecostés

A lo largo de la cincuentena después de la Pascua, la liturgia católica une dos fiestas: la Ascensión de Cristo y Pentecostés a cincuenta días de la Pascua, con ocho días de intervalo entre las dos.

ASCENSIÓN DE JESÚS

La fiesta evoca la estancia de Jesús en medio de sus

discípulos y su elevación a la diestra del Padre como Señor (Lucas 24,50-53; Hechos 1,6-11; Marcos 16,19). Es la celebración de plenitud, exaltación y anuncio de lo que acontecerá al final de la historia, cuando Cristo vuelva para entregar al Padre la creación entera (Parusía).

Por ello, la solemnidad de la Ascensión de Jesús no es una celebración de adiós o de despedida sino de anticipo y esperanza en lo que viene. La fiesta anuncia que Jesús —primogénito entre sus hermanos— señala el camino a seguir y deja la misión de anunciar su Evangelio al mundo a sus seguidores, esto es, a sus colaboradores (Mateo 10,1-15; 28,16-20; Marcos 16,15-20).

Pentecostés

Los cincuenta días que siguen a la Pascua se presentan a los cristianos como un tiempo de alegría por la presencia de Cristo vivo en medio de su comunidad y las promesas que ha venido a cumplir en la tierra como Mesías.

Mientras en tiempos recientes algunos cristianos veían a la Pascua y Pentecostés como fiestas aisladas e independientes, la tradición cristiana invita a verlas en forma continua, a manera de larga torna fiesta pascual o como un espacio sin prácticas penitenciales, de gozo y contemplación ante los misterios celebrados y una especie de contraparte a la Cuaresma.

Mientras el período de la Cuaresma es imagen de la vida terrena con sus limitaciones y angustias, el período pascual evoca la vida eterna y la presencia y reinado definitivos de Dios. En otras palabras, el período posterior a la Pascua es un tiempo de gracia y plenitud como un domingo prolongado; la presencia del Esposo (Cristo) cerca de su esposa (la Iglesia) a la que aluden textos del Evangelio (Mateo 9,15; Juan 16,7-10.18-20); un ambiente de jubileo total en que abunda el perdón de culpas y la esperanza del reposo futuro; y el broche de oro a toda la historia de la salvación.

El hecho de que al final del siglo IV aparezcan Ascensión y Pentecostés como fiestas separadas no significa que se les viera así, cronológicamente hablando, como sugieren los Hechos de los apóstoles (cuarenta y cincuenta días después de la Pascua). Por ello, la Resurrección, la Ascensión y Pentecostés no son momentos diferentes en la historia de la salvación, sino ambiente festivo que rodea el triunfo de Dios en Jesús.

Asumir la solemnidad de Pentecostés como fiesta del Espíritu lleva a los cristianos a ser conscientes de que en Jesús se han cumplido las promesas bíblicas, como San Pedro explicaba en su primer discurso: "...fíjense bien en lo que pasa y atiendan a mis palabras. Lo que ocurre es que se ha cumplido lo que dijo el profeta Joel: En los últimos días, dice Dios, *derramaré mi Espíritu sobre todo hombre, y profetizarán sus hijos e hijas... Y todo el que invoque el nombre del Señor, se salvará*" (Hechos 2,14-21; Joel 3,1-5).

Así pues, aunque Pentecostés se convirtió en fiesta paralela a la Pascua en los siglos IV—V, a la que se añadió luego una semana festiva (siglo VI), las nuevas disposiciones litúrgicas le han devuelto su aspecto de "broche de oro", coronación festiva de Pascua y ambiente de gozo en que se habla la única lengua del Espíritu.

Por último, esta fiesta es como el reverso de Babel o una Babel a la inversa. Allá se dio la incomprensión, la manipulación y la aberración contra Dios (Génesis 11,1-9). Aquí, por el contrario, se da la total apertura de la comunidad humana al único idioma del Espíritu, que es la unidad y la comprensión de la revelación de Dios en Jesús (Hechos 2,1-13).

TERCERA PARTE

El simbolismo de la Pascua

En la liturgia, conjunto de realidades misteriosas y santas, a las que representamos en formas sensibles, todo habla y tiene sentido: espacio, color, elementos de la naturaleza, instrumentos de culto, tiempos de celebración, palabras, canto, silencio, posturas del cuerpo, actitudes y movimientos.

Una clasificación sencilla cataloga a todos estos elementos simbólicos en temporales, por el momento en que se realizan, reales o materiales según su materialidad, dinámicos si conllevan movimientos y actitudes de las personas y espaciales, por los lugares en que ocurren. Pero el simbolismo que se da en la liturgia tiene sus leyes y orientaciones propias que no puede reducirse a puro ritualismo, representación teatral, esteticismo y, por ningún motivo, debe considerarse una ciencia de iniciados.

De esto se deriva que el símbolo litúrgico sea un elemento pedagógico que lleva a otras realidades superiores y que no necesita interpretación, ya que carecería de fuerza y se convertiría en una especie de cábala o esoterismo. Por el contrario, el símbolo litúrgico es evidencia y puente para el misterio celebrado. Dicho en otras palabras, es como una llave que descubre los signos y el lenguaje con que Dios habla al hombre.

La Pascua cristiana está llena de símbolos de todo tipo, por ejemplo, temporales como la Cuaresma, el Triduo Pascual y la noche; materiales como el cirio y la ceniza; de varias actitudes y movimientos como la conversión y la procesión; y también de color como el contraste entre el morado y el blanco.

Para facilitar su comprensión, los símbolos pascuales se presentarán en los siguientes párrafos clasificados en tres apartados: tiempos simbólicos, elementos y materiales simbólicos y acciones y movimientos simbólicos.

1. Tiempos simbólicos

Los elementos temporales que interesan en este apartado son cuatro. Todos tienen una carga simbólica derivada de la Escritura con mucha resonancia para el resto del ciclo litúrgico anual: el equinoccio de la primavera, la cuarentena o tiempo de Cuaresma, el Triduo Pascual, la noche de la celebración pascual y el tiempo de Pentecostés.

Equinoccio de primavera

La coincidencia de la Pascua con el equinoccio de la primavera, con su luna llena y con el primer mes del calendario judío, *nisán*, ha llevado a muchos a considerarla una fiesta primaveral, así como la Navidad parecería ser su contraparte en el invierno. Además, una antigua tradición judía que consideraba a la Pascua del Antiguo Testamento como aniversario de la creación, motivo que fue utilizado por algunos escritores cristianos de la antigüedad, parecería confirmarlo. Sin embargo, la realidad va en otra dirección, pues fue la Pascua bíblica la que provocó que el mes *nisán* en que se celebraba fuese llamado primer mes e inicio de año.

El equinoccio de primavera y toda la estación en sí es ocasión propicia para señalar el inicio de la vida, la renovación de la naturaleza, una evocación de la nueva creación, un tiempo de alegría paradisíaca, calor humano y fiesta que libere al hombre de todos sus inviernos. Por ello, la simbología universal ha sabido representar ese tiempo a través de un cordero y un arbusto o ramo de flores. Además, el despertar de los campos y el verdor que cubre por un breve tiempo las montañas desérticas de Palestina sugerían, en los tiempos antiguos, el origen del cosmos, de la tierra, de la vida y… ¡la creación!

Por su parte, la luna llena parecía a los hombres de la antigüedad un atentado contra el sol. Si éste es sinónimo de día, luz, calor, vida, trabajo, esperanza y bendición, la luna lo es de los opuestos: noche, tiniebla, frío, muerte, inactividad y lo negativo, denigrante, maligno y pecaminoso. Todo esto se refleja en la iconografía cristiana, que ha incluido a la luna, pisoteada, en las imágenes de Cristo y María, como alegoría de su dominio sobre el mal y la noche en sus dimensiones religiosa, ética y existencial.

En resumen, la primavera con su florecimiento ofrece motivos simbólicos que apoyan la idea de lo nuevo, lo vivo, lo que viene a reconstruir todo desastre y muerte anteriores. De igual manera, desde la perspectiva del simbolismo religioso, la noche y su luna llena son el mayor atentado del mal, parodia del día, intento de rivalizar la iluminación del sol y pretensión de suplantarlo;

como si la noche y lo tenebroso desearan engullir la luz, el día, la verdad y la vida.

En consecuencia, la celebración pascual, celebrada en el misterio de la noche, presenta a Cristo resucitado venciéndola y destruyendo sus símbolos negativos: su luna llena, su frío invernal y su oscuridad, sepulcro y muerte.

Estas cuestiones de calendario y de confrontación de la luz con las tinieblas o del sol y la luna "no hablan" ya a los contemporáneos. En cambio, a los antiguos les ayudaban a comprenderse mejor en ese mundo de misterios y enigmas que se les imponía.

Cuarenta,
Cuaresma
La palabra "Cuaresma" deriva del latín quadraginta, cuarenta. La cifra tiene un historial bíblico definido: el diluvio duró cuarenta días (Génesis 7,12.17); los profetas Moisés y Elías se prepararon para sus respectivos encuentros con Dios y sufrieron el peso de la vida durante el mismo período (Éxodo 24,12-18; 1 Reyes 19,3-8); el éxodo también duró 40 años en su doble dimensión de tiempo de gracia y período de prueba y sin tierra (Números 14,34; Deuteronomio 1,1-3); el gobierno de los enemigos del pueblo o de sus jueces y liberadores duraba ese mismo plazo (Jueces 3,11 y 13,1; 1 Reyes 2,11 y 11,42); Jesús ayunó 40 días y noches (Mateo 4,2) y permaneció igual tiempo con los discípulos luego de su resurrección (Hechos 1,3).

La cifra "40" referida a días o años y con frecuencia también sus múltiplos indica la condición terrestre del hombre, sus limitaciones, experiencia en el mundo y su soledad o abandono. En consecuencia, cuarenta es el símbolo de la experiencia humana, de la que señala sus aspectos de realidad, caducidad y limitación.

Así, la Cuaresma indica un tiempo de crisis y riesgo, maduración de la fe y experiencia en el cosmos y en la tierra. Con ella, la liturgia señala la brevedad y caducidad de la vida humana y llama la atención de los cristianos para que la asuman como un tiempo de revisión y experiencia de éxodo, esto es: ocasión de liberación y cambio radical de disposiciones, actitudes internas, conductas comunitarias y acciones externas. Por ello, es un período de total disponibilidad a Dios y preparación para la Pascua.

Por último, más que tiempo de castigo, dolor y penitencias, la Cuaresma se presenta como el espacio y ambiente que facilita la concentración, meditación, apertura, disponibilidad, escucha de la Palabra y conversión del corazón.

En la tradición bíblica el número tres correspondía a cantidades mínimas y equivale a nuestros "unos pocos" y "un par" (Génesis 30,36; 42,17-18; Éxodo 2,2,). Así, por ejemplo, Jonás pasa un tiempo en el estómago de un gran pez ("tres días con sus noches": Jonás 1,17) y tardó ese tiempo en recorrer la ciudad de Nínive (3,3).

Ocasionalmente, el tres unido al cuatro es sinónimo de nuestro adverbio "realmente". En tal sentido, indica la seguridad por un tiempo razonable de cuanto se afirma, como en el caso del castigo divino hasta la "tercera y cuarta generación" (Éxodo 20,5) o también la "continua y decidida" perversidad de la conducta (Amós 1; Proverbios 30,15-31; Eclesiástico 23,16).

Con todo, el uso más característico del tres aparece en forma ordinal ("al tercer día") se refiere a la resurrección de Jesús y deriva, con probabilidad, de un texto profético de Oseas (Oseas 6,2; 1 Corintios 15,4; Mateo 16,21; Lucas 24,7).

Este "tercer día" causó tal asombro en la comunidad cristiana de los primeros tiempos que se le incluyó en el

Credo: "Resucitó al tercer día según las Escrituras" y al que la Iglesia asimiló en su Triduo Pascual. Al hablar de él, la Iglesia no pretende contar los días entre la muerte de Jesús y su resurrección en forma matemática o cronológica, sino que lo usa en sentido bíblico para indicar la seguridad del evento y su realización según el designio de Dios (Marcos 8,31; Mateo 27,63).

Con esto se afirma que la muerte de Cristo no fue ni un acontecimiento casual ni un destino fatal, sino el evento real que dejaba abierta la puerta a la vida nueva que el Señor glorioso había venido a inaugurar.

Razonando bíblicamente, el sentido de esa frase puede resumirse de este modo: todos van a estar en la tumba más de tres días, de Abrahán hasta Lázaro (Juan 8,52; 11,39); pero Jesús ¡no más de tres! (Salmo 16,9-10; Mateo 16,21; 17,22-23; Marcos 8,31; Lucas 24,7).

El simbolismo de la noche es común. Negativamente y por la ausencia del sol señala lo oscuro e indefinido, lo contrario al día y a la luz, al orden y a la belleza, al color, al calor y a la vida; y señala lo caduco, mortal, amorfo, negativo, demoníaco y pecaminoso en todos los órdenes. Su cercanía causa inseguridad y preocupación por lo que puede acontecer en ella, ya que se muestra como una caverna en el tiempo y un espacio dominado por el mal y la perversidad. Es el enemigo a vencer en todas sus fases y momentos. Por ello, la tradición bíblica asocia la noche a los conceptos de enfermedad, angustia, soledad, sepulcro, abismo y al mismo *sheól* o mundo de los muertos.

Al hablar del "Día del Señor", los profetas presentan la noche como ambiente de castigo y destino de los hombres injustos (Joel 2,10; 4,15; Sofonías 1,15). Por su parte, el libro del Apocalipsis habla de su aniquilación como señal evidente de que la era mesiánica ha comenzado o está a punto de manifestarse (21,25; 22,5).

Positivamente, la noche es un tiempo propicio para las epifanías (manifestaciones de Dios) y una ocasión para las intervenciones salvadoras de Dios, como el éxodo (Éxodo 12,42-43) y el silencio previo a la revelación (Juan 3,2; Marcos 7,48; Lucas 24,29). Por eso, el tiempo apto para el "sueño" religioso y profético es la noche. Esos fueron los casos de José El Egipcio, de Samuel y de José, esposo de María (Génesis 37,5; 1 Samuel 3; Mateo 1,20; 2,13.19).

Por su parte, la liturgia pascual se apropió de la noche bíblica del éxodo, del paso del mar y del camino por el desierto (Éxodo 14,15-22) pero, además, la concibe como tinieblas vencidas por la luz de Cristo resucitado antes del día (Mateo 28,1; Juan 8,12; 20,1) como se canta en la vigilia pascual: "Esta es la noche de la que estaba escrito: será la noche clara como el día, la noche iluminada por mi gozo. Y así, esta noche santa ahuyenta los pecados, lava las culpas, devuelve la inocencia a los caídos, la alegría a los tristes, expulsa el odio, trae la concordia, doblega a los poderosos" (Pregón pascual).

En suma, la noche pascual resume y recuerda todas las liberaciones de la historia de salvación; es adelanto del "Día del Señor" e inicio del reposo anunciado como fin de la creación (Génesis 2,2-3; Salmo 118,24).

Con demasiada frecuencia, se considera a Pentecostés como fiesta de un día, es decir: como la celebración final que cierra al periodo pascual después de cincuenta días. Las cosas deben aclararse un poco. Primeramente, Pentecostés, palabra de origen griego que significa 50 días. En los escritos del Antiguo Testamento, Pentecostés era una fiesta a los 50 días de la Pascua (también

Pentecostés, cincuenta

llamada fiesta de las semanas) en que se evocaba el don de la ley al pueblo de Dios a través de Moisés. Era, pues, la fiesta del regocijo y del agradecimiento ya que el pueblo se sentía comunidad de Dios y gozaba en ser residencia de la ley y del amor de Dios (Éxodo 23,16; 34,22; Levítico 23,15).

Por su parte la solemnidad de Pentecostés cristiana alude a todo el periodo de los 50 días festivos que siguen a la Pascua, evoca la presencia activa del Espíritu Santo en la comunidad cristiana, señala el inicio de su vida comunitaria en favor del mundo y realiza la efusión de los carismas del Espíritu Santo ostensiblemente en favor de los hombres (Joel 3,1-5; Hechos 2,1-11).

En otro sentido, el tiempo de Pentecostés de la Iglesia alude a la idea ya presente en el jubileo bíblico que consideraba varios aspectos: prohibición de trabajos agrícolas para señalar la completa y total confianza en la providencia de Dios, devolución de prendas y tierras a sus propietarios para señalar la posesión conjunta de los bienes de la tierra y liberación de todo tipo de esclavitud para indicar la vuelta al plan inicial del Creador (Levítico 25; 27,16-24).

En fin, todo el periodo de Pentecostés más que una fiesta aislada es la torna fiesta de la Pascua, el tiempo propicio para meditar su sentido y seguridad de que la resurrección de Jesús no es un acontecimiento momentáneo sino el modelo de la nueva vida que el Señor quiere para su pueblo.

2. Elementos y materiales simbólicos

La liturgia pascual utiliza elementos materiales a los que confiere una carga simbólica especial. Entre los más significativos están la ceniza, las palmas, el aceite, el fuego, la luz, el cirio y el agua, aunque también tienen su importancia el incienso, el alfabeto griego resumido en su primera y última letra (alfa y omega) y los colores morado y blanco.

La ceniza es un límite más allá del cual no se puede ir en la experiencia diaria; es una frontera y un "hasta aquí"; un recuerdo y una sombra parda de lo que fue. Es pasado, vida e historia concentradas, pero inertes. En este sentido, es símbolo de lo caduco y frágil, de lo mortal y pasajero, de lo que pudo llegar a ser y ya no es.

De acuerdo a la Escritura, echarla sobre la cabeza o sentarse en ella indica penitencia, luto, escándalo, dolor, desgracia, culpa o bien es un anuncio macabro pero real de la muerte que a todos llega (1 Samuel 13,19; Job 2,8; Jonás 3,6). En cambio, en sentido positivo, es una especie de fuego solidificado o bien un concentrado de poder, señal de sacrificio, signo y memorial de consumación y resultado de la ofrenda que no sirve para uso de las personas, sino para Aquél por quien se ofrece.

Por su aspecto y presentación se asemeja al polvo y a la tierra que Dios utilizó una vez ("en aquel día") para crear la humanidad y, en consecuencia, es recuerdo y signo de la tierra del paraíso, bendita, virgen, no tocada ni mancillada por el arado o por la malicia y codicia humanas, no sometida al pecado ni solidaria con los instintos de muerte que alimenta el hombre.

Así pues, más que una señal de miseria y caducidad, la ceniza utilizada al principio de la Cuaresma hace alusión al origen del hombre y a su realidad mortal y buena, pues fue extraído de tierra bendita y santa del paraíso (Génesis 1,2.9-12; 2,7; 3,19; Salmo 90,3).

Al imponerse la ceniza, no se amedrenta al creyente ni se le recuerda que "no es nada" o que es pura ceniza (¡menos que tierra!), sino que se le da la oportunidad de tomarla en su propia mano y decidir ser un "espíritu viviente" para volver al proyecto de su Dios y Creador o seguir siendo sólo polvo.

El hecho de ser residuo de fuego, convierte a la ceniza en un sello sacrificial; y quien la recibe indica aceptar la "señal protectora" de Dios que un día se le puso a Caín, a pesar de su pecado (Génesis 4,15); o el signo protector y salvador con el que Dios marca a quienes salva (Ezequiel 9,4; Apocalipsis 7,2-3); y la marca liberadora del éxodo y de los Egiptos edificados por el hombre (Éxodo 12,7).

En suma, la ceniza es: una marca de protección, elección y misión; invitación a recordar y hacer presente el tiempo del paraíso; a la vez que un signo de fuego purificador que bendice; y también una evocación de ofrenda y sacrificio, o un concentrado de vitalidad protectora que orienta a la conversión y a la búsqueda de Dios, que no quiere hombres mejores, sino "nuevos".

Palmas   La palma ha sido asumida en diversas culturas como emblema de victoria, elevación y regeneración; como un llamado a la inmortalidad y, por ello, símbolo del alma. Su uso para celebrar la entrada mesiánica de Jesús a Jerusalén, recordada anualmente el Domingo de Ramos, se ha asociado al similar ramo de olivo de los países del Mar Mediterráneo. Por ello, el saludo con palmas y ramas de olivo, dado a Jesús a manera de conquistador, tiene un tinte escatológico, es decir: señala la gloria que recibirá ocho días después en su Pascua (Juan 13,1).

Ambos aspectos, de victoria y gloria futura, reaparecen en las palmas que se colocan en la mano de los mártires en la iconografía religiosa.

Así pues, el uso de la palma en la pascua cristiana señala la entrega de la vida por la fe y la victoria sobre la muerte; y de este modo significa un adelanto de la vida eterna y es la señal del compromiso y fidelidad del cristiano (Apocalipsis 2,10; 7,9).

Dada la abundancia del olivo en todo el Medio Oriente, el aceite sirvió para varios usos, comunes y religiosos. En el primer caso se utilizaba para el alumbrado, la alimentación, como medicamento, moneda, objeto de intercambio comercial y elemento para cuidar el cuerpo en forma de jabón, lubricación, robustecimiento y autodefensa en el deporte. *Aceite*

Su uso religioso, en forma de aceite aromatizado con resinas, se daba en las unciones de reyes, sacerdotes y objetos sagrados. También se le consideraba como ofrenda para el santuario, combustible para su iluminación, diezmo y medio para la purificación ritual (1 Reyes 1,32-40; Éxodo 30,23-26). Por ello, la Iglesia se sirve de él para preparar su crisma y el óleo de los enfermos y el de los catecúmenos.

Su simbolismo sigue siendo actual: es señal de vitalidad y robustecimiento; indica consagración para una misión dentro del pueblo de Dios; es medicina y bálsamo que protege del mal; y con su luz ardiente en el templo, en la "lámpara del Santísimo" señala la finalidad de toda la comunidad ausente momentáneamente de él, pero simultáneamente activa en las obras de la fe y en la santificación del mundo.

Por su naturaleza, aspecto y efectos en la antigüedad se han dado al fuego acepciones y usos rituales, mágicos, filosóficos, punitivos, simbólicos y teológicos. Además de considerársele elemento básico del cosmos en las antiguas cosmologías se le tenía como componente y representante principal de las fogosidades del hombre (carácter, arrebatos y genio artístico); era signo del afec- *Fuego* to y del calor humano, emblema de su celo y símbolo del amor, de la pasión, del odio implacable, de la hospitalidad más generosa y de la guerra contra el vecino que todo destruye y quema. Sus sentidos iban del fuego de la prueba a la prueba del fuego. Por ello, en la Biblia se presenta a algunos emisarios divinos como fuego personificado: los querubines que cuidan la entrada del paraíso y el serafín que purifica al profeta Isaías de parte de Dios (Génesis 3,24; Isaías 6,2.6).

En la Escritura el fuego es elemento fundamental de toda teofanía (manifestación de la divinidad de Dios), auxiliar del sacrificio y brazo de la justicia divina (Éxodo 3,1-6; Levítico 20,14). Se le considera también un emisario divino y se le equipara con un ángel, con la voz y cólera divinas, además de indicar la trascendencia y presencia divinas y ser metáfora del amor (Éxodo 13,22; Cantar 8,6). Funge también como imagen de las penalidades de la vida, signo de los flagelos naturales, señal de las pruebas del enviado de Dios a los hombres, profeta o apóstol, y recuerdo del castigo en el último día (Génesis 19; Jueces 7).

El Nuevo Testamento también asume la capacidad purificadora del fuego y la aplica a la presencia dinámica del Espíritu de Dios en Pentecostés y al fuego del castigo, conocido también como *Gehenna* (Mateo 3,7-12; 25,41; Marcos 10,38; Lucas 12,49; Hechos 2,3).

El uso litúrgico del fuego al principio de la vigilia pascual le confiere nuevos significados. Es dinamismo primigenio y símbolo del Espíritu de Dios que señala con su presencia y calor; anima y vitaliza con su llama; actúa con su fuerza creadora y santificante; trae pureza, consagración y transforma de una dimensión caduca y terrena a otra celeste.

Ahora bien, al sumergirse el cirio pascual en la pila

bautismal se quiere señalar la purificación suprema de esa agua de la Pascua y el doble diluvio del agua y del fuego, mesiánico y escatológico (Génesis 6 - 9; Mateo 3,11-12).

La vigilia pascual y todo su ciclo están llenos del simbolismo del fuego: se le usa en forma de luz que ilumina (cirio), como hoguera que forma y reúne a la comunidad; en forma de incienso quemado a manera de sacrificio y círculo de fuego que aleja al mal al incensar el cirio, el altar y a la comunidad, que no es honra ni respeto sino una bendición y consagración con fuego y como ceniza bendita o fuego concentrado, al principio de la Cuaresma.

Así pues, la Pascua cristiana comienza con el fuego de la ceniza (Cuaresma); se centra y refuerza con el fuego nuevo y el cirio pascual, evocación del éxodo de los israelíes por el desierto de camino al monte Sinaí, en donde Dios reveló su nombre (noche de Pascua); y culmina con Espíritu divino bajo la apariencia del fuego (Pentecostés).

La vela, la lámpara o el cirio es don puro, ya que entrega luz, calor y fuego. Es como el alma de la vida, cuya única razón y naturaleza consiste en consumirse. Como las demás velas, lámparas y antorchas, el cirio indica siempre liderazgo, verdad, magisterio y camino a seguir e imitar. Su verticalidad lo asemeja a los elementos ascensionales que relacionan el suelo con el cielo, tales como escalera, monte, cruz, mano y altar, a los que gana y aventaja en su ascensión que se repite una y otra vez hasta apagarse.

Por su fuego, es sol en diminutivo y, por tanto, símbolo de purificación, transformación, renovación y trascendencia. Por su luz, lo es también de iniciación en la ver-

Cirio

dad y en lo definitivo y fundamental de la vida. Por su calor, es fuerza que concentra en torno a sí y crea la unidad, comunión, la familiaridad y el hogar que a todos participa y alberga.

Así pues, el cirio pascual prendido en el fuego nuevo recién creado y bendecido evoca estas orientaciones, las ennoblece y las vivifica por ser imagen y signo de Cristo, el Señor y el Viviente, como canta el Pregón pascual: "Goce la tierra inundada de tanta claridad y que, radiante con el fulgor del Rey eterno, se sienta libre de la tiniebla que cubría al orbe entero".

Por su parte, la procesión con el cirio al frente se convierte en imagen plástica del paso del mar, del éxodo y del camino por el desierto, en los que la asistencia de Dios es nube de día y antorcha de noche; en una evocación del tema del "seguimiento" cristiano de Cristo, a quien los creyentes siguen adondequiera que vaya (Apocalipsis 7,9-17); y alude al tema de la presencia definitiva de Dios en medio de su pueblo: "Ya no habrá noche, no necesitarán luz de lámparas ni de luz de sol, porque el Señor Dios alumbrará a sus habitantes…" (Apocalipsis 22,5).

Agua y pila bautismal

Al agua se le reconocen sus capacidades de refrescar y fertilizar, de limpiar y quitar la sed, pero también de destruir. Por ello, la liturgia la utiliza para señalar el nacimiento a una nueva vida (creación); para indicar el fin del hombre viejo (diluvio); como liberación de culpa y pecado (éxodo); y como liberación de peligros en la aspersión del agua bendita (elección, protección y consagración).

La tradición bíblica menciona el tema del agua de muchas maneras: es como la matriz cósmica de la que emergen la tierra y los animales; es frontera y riesgo para el hombre (mar); aparece como río, fuente, lluvia o rocío que muestran la bendición, presencia y providencia de Dios para el hombre; pero también en forma de ausencia o abundancia extremas detrás de los conceptos de desierto, sequía, sed o diluvio (ocasión de castigo o reconstrucción de un nuevo orden deseado por Dios). También los escritos del Nuevo Testamento repiten esos mismos enfoques y la presentan como una señal mesiánica, vital, sacramental y mística, al salir del costado de Cristo,

Por su parte, la liturgia ha desarrollado el tema bautismal y lo ha puesto en relación directa con la Pascua, sobre todo en los siglos IV y V. Por ello, el tiempo pascual fue el indicado para la preparación y el bautizo de los catecúmenos, es decir, de aquellos candidatos a ingresar en la comunidad cristiana.

De esta manera y asociada a la simbología bíblica, el agua que aparece en la liturgia pascual es: origen de vida, señal de purificación, diluvio que destruye el mal, el pecado y hace surgir una humanidad nueva, símbolo de salvación, elemento aglutinante que regenera a la comunidad de los creyentes y signo evocador del misterio pascual en su totalidad al ser bendecida por el cirio que entra en ella y que representa la muerte y la resurrección de Cristo, además de señalar la "con—muerte" y "con—resurrección" del cristiano con Cristo, como afirma San Pablo (Romanos 6,3-6; 8,17; Colosenses 2,12-13).

Cruz

La cruz, un simple poste o dos maderos cruzados, fue empleada como instrumento de suplicio, a manera de horca o silla eléctrica, en diversos pueblos. Se le menciona en las antiguas literaturas de Egipto, Persia, China, Creta, Asiría, Cartago, Roma y México.

Bajo el aspecto simbólico se le ha considerado, junto al círculo y al cuadrado, un signo fundamental del cosmos.

Se conocen variadas formas de ella y se le aplican muchos sentidos. Entre sus formas más conocidas y sus sentidos más evidentes están la "cruz egipcia", con un ojal en lugar del trazo superior: es señal de vida e inmortalidad (también conocida como "Cruz de San Antonio" por los milagros realizados con ella por tal santo; "cruz gamada" con cuatro letras *gamma* unidas al centro: es símbolo del sol, de la bienaventuranza y del movimiento; "cruz griega" (signo matemático + con cuatro brazos iguales) a modo de brújula, útil para la orientación cósmica y signo de perpetuidad; "cruz latina" o simple asta vertical o bien con el trazo transversal cerca de la cima del vertical: fue instrumento común de suplicio (ahorcamiento, empalamiento o crucifixión); y "cruz tau", una especie de equis, alusiva a la *tau*, última letra del alfabeto hebreo, señal de remate, conclusión y protección y también conocida como "Cruz de San Andrés" porque supuestamente el apóstol murió en ella.

Después de la muerte de Jesús, "su cruz" comenzó a significar sacrificio, salvación y, en general, todo lo relacionado con la fe cristiana. A ello colaboró la interpretación de un dicho de Jesús: "Quien quiera ser mi discípulo... que tome su cruz y me siga" (Mateo 10,38; 16,24; Lucas 14,27).

Por su parte, los cristianos de ascendencia judía encontraron prefiguraciones de la cruz de su Maestro en diferentes textos y temas del Antiguo Testamento y desarrollaron una amplia teología y simbolismo en torno a ella. La encontraron prefigurada en la barca de Noé, el hacha de Eliseo, la estrella de Jacob, el signo protector de Caín, la *tau*, tache o cruz en la frente del oráculo del profeta Ezequiel; la señal en la mano o brazo según un oráculo de Isaías (Isaías 44,5; 49,16; Cantar de los Cantares 8,6). A este signo lo asociaron con árboles, palos y maderos del Antiguo Testamento por basarse en el mismo término griego —*staurós*— y lo interpretaron siguiendo los temas de la señal, la elección, la sanación y la liberación.

Aunque la tradición cristiana desconoce cómo fue realmente la cruz de Jesús, adoptó las versiones latina y griega más por devoción que por interés de precisión histórica.

Por último, la teología cristiana, apoyándose en los textos bíblicos que hablan de ella, ha asumido a la Cruz de Jesús como símbolo de fe, más allá, mensaje cristiano, vida del creyente, señal de perdón y gracia, vértice de la revelación, Evangelio, escala que lleva a Dios, atributo de Cristo, emblema del cristiano y talismán que protege del mal.

3. Acciones y movimientos simbólicos

La liturgia en general y la pascual en particular contienen numerosos ritos expresados a través de gestos y acciones. Este dinamismo y actividad simbólica tienen origen en la Escritura e incluyen tanto las diversas bendiciones de la ceniza, palmas, fuego y agua como las varias procesiones con palmas, cruz y cirio pascual por una parte, y el lavatorio de pies por la otra.

Bendición

El gesto de bendecir ("decir bien de...") personas, objetos y lugares tiene la finalidad de reconocer su valor y sentido intrínsecos, de separarlos para una función especial y de comunicarles una fuerza que los vuelve centro y eje de dinamismo espiritual.

De este modo, sus destinatarios (hombre, animales,

lugares, objetos y tiempo) quedan señalados e impregnados de una vitalidad y sentido que deben transmitir y multiplicar a favor de quien entra en contacto con ellos.

La bendición se consigna a través de palabras, promesas o ritos dinámicos como son: la imposición de las manos y el oráculo (Génesis 1,28; 27; 49). De bendición quedaron impregnados la primera pareja humana y los prototipos de cada humanidad nueva como Noé y Abrahán (Génesis 9,1; 12,1-3), la tierra que pisaban y se les entregaba como patrimonio qué cuidar y transmitir, los animales que iban a servirles de alimento, y su acción y presencia liberadora, especie de renovada creación, ordenamiento y retorno al orden primero y primigenio. Por ello, la bendición aparecía como una obra de Dios en colaboración con el hombre (Génesis 12,2; Jueces 3,11; 8,28).

A su vez, la liturgia pascual participa la bendición a la ceniza que recuerda al hombre su origen; a los ramos de palma y olivo con que se celebra a Jesús como Mesías; a los óleos que sirven como signo y materia de algunos sacramentos; al fuego nuevo del que sale la llama que enciende al cirio pascual, símbolo de Cristo Resucitado y al agua de la fuente que sirve para bautizar.

En fin, todo el período pascual es una bendición en forma de tiempo y de fiesta. La bendición se participa a la comunidad cuando celebra el misterio pascual, se extiende a cuantos se relacionan con él y se propaga a lo largo de todo el año como contagio de gracia y exuberancia originada en la vigilia pascual.

Procesión   Toda procesión, que no es otra cosa que una peregrinación en diminutivo, es evocación del éxodo. Por ello, la Iglesia no la asume como un rito penitencial, sino que al participar en ella, la persona creyente confiesa que ha vivido mal; acepta la libertad que Dios ofrece, si emigra; señala el paso de una situación de esclavitud a otra de libertad y evita ser cómplice de ésta, imponiéndola a otros o tolerándola como forma de vida estable; se llena de esperanza y marcha hacia la nueva tierra que no se vislumbra todavía pero a la que espera llegar; asume la crisis que conlleva madurar y el riesgo de la novedad que Dios deja entrever a distancia; deja las falsas seguridades y sale a buscar al Señor a base de fe y de confianza; se decide a buscar lo fundamental abandonando, lo caduco y transitorio; comparte con otros la necesidad de conversión para alcanzar la verdad y la vida; y se compromete a seguir a Cristo, camino, verdad y vida, en su itinerario hacia el Padre y en su calidad de hombre encarnado (Lucas 9,51; Juan 13,1).

En suma, con la procesión se intenta: repetir el éxodo; bendecir con la propia presencia un lugar haciendo de él un espacio de encuentro con Dios; mostrar con el movimiento que la vida es seguimiento; y acompañar a Cristo, el "Enviado" del Padre, quien sigue en camino y a la búsqueda del hombre, de todo el hombre y de todos los hombres.

Lavatorio de pies

Es un rito que se realiza el Jueves Santo en memoria del que hizo Jesús con sus discípulos al inicio de su cena de despedida (Jn 13,1-20).

En la cultura semita, su práctica indicaba buena educación, acogida y respeto hacia los huéspedes. Por su aspecto de aseo personal después de una caminata, lo hacía la misma persona o, por atención y amistad especiales, los servidores, la esposa del anfitrión o éste mismo (Génesis 18,4; 1 Samuel 25,41; Lucas 7,44). El gesto de Jesús contiene aspectos teológicos y simbólicos muy marcados.

En primer lugar, propone un cambio en la concepción de Dios, del líder cristiano, jefe o maestro y asienta el principio que de ahora en adelante distinguirá a sus seguidores: el servicio. Con él se quiere decir que Dios es el amigo más cercano, el acompañante y huésped, el anfitrión y servidor del hombre que el "Omnipotente y Eterno" de la alta teología que tiene un eco y sabor de distancia y prepotencia.

En segundo lugar, al lavar los pies a sus discípulos, Jesús rectifica los valores humanos y propone que no hay acciones de primera y acciones de segunda. Jesús pide que no exista ya distinción o desigualdad entre las personas. No es que unos deban lavar los pies a los otros y éstos deban sentarse para que se les laven. En otras palabras, todos son capaces de lavarse los pies unos a otros.

En tercer lugar, lavar los pies no es humildad, inferioridad, sumisión o humillación de un nivel social respecto a otro. Al contrario, es gesto de generosidad, solidaridad, amistad y sensibilidad; es muestra de hospitalidad y rasgo de educación elemental en una cultura de peregrinos, como debería serlo compartir los bienes de la tierra y la cultura entre los habitantes de un país desarrollado moderno, pasar el agua del desarrollo de una región próspera a otra atrasada o facilitar el reposo al pueblo que se debate entre el cansancio de la historia y su impotencia de llegar a ser un país libre con los recursos de su hábitat.

En cuarto lugar, Jesús "afirma" con su gesto que servir es la mejor forma de hablar y de enseñar, de dirigir y convencer, de mostrar el camino a otros y de ser "alguien" en la comunidad a la que se pertenece. Mientras Pedro apóstol sugiere que Jesús no debería "rebajarse" (para evitar tener que hacerlo él mismo), no entiende que impide a Jesús ser "anfitrión" y amigo, y acepta las divisiones humanas entre servidos y servidores.

Por último, Jesús propone, enseña y define que de ahora en adelante el servicio será el distintivo de su comunidad y de cada cristiano, no la sotana, el puesto en la comunidad y menos aún, el billete o el birrete que representan al tener y al saber, formas alternas y sutiles del poder.

La Pascua es la síntesis de la fe cristiana. Se le representa con una cruz luminosa o a través de un cirio cruciforme. Esto significa que más allá de la cruz está la luz. Por ello, la Pascua de Cristo es el culmen de la fe cristiana y el último desarrollo de la pascua del Antiguo Testamento de la que tomó el nombre pero no el sentido. No se trata ya de salir bien librados de Egipto y del faraón endiosados por los hombres o de protegerse contra los riesgos del desierto, sino de ser salvados por Cristo.

En síntesis...

La Pascua cristiana es el nuevo camino que Dios ofrece, en Cristo, a las personas de hoy, ya que vivir es convivir, dar la vida por el hermano y la hermana, hacer vivir, redimir y ¡resucitar!

Anexos

1. Relatos pascuales de los Evangelios

Este cuadro o sinopsis señala las secuencias, relaciones, diferencias y peculiaridades de cada uno de los relatos pascuales. El lector podrá servirse del mismo para hacer un estudio sistemático y comparativo sobre los acentos y las pretensiones teológicas de sus autores y, una vez convencido, mostrar a los demás la riqueza de la revelación que Jesús nos da como Señor de la vida.

	Mateo	Marcos	Lucas	Juan
Antecedentes				
—Decreto de muerte:	26,1-5	14,1-2	22,1-2	(11,47-53)
—Unción de Betania:	26,6-13	14,3-9	(7,36-50)	12,1-8
—Traición de Judas:	26,14-16	14,10-11	22,3-6	(13,2.27)
—Preparación de la cena:	26,17-20	14,12-17	22,7-14	(13,1)
En el cenáculo				
—Lavatorio de pies:	(10,24.40)	(9,37)	(6,40)	13,1-20
—Jesús señala al traidor:	26,21-25	14,18-21	22,21-23	13,21-30
—La eucaristía:	26,26-29	14,22-25	22,15-20	(6,51-59)
—Disputa entre apóstoles:	(20,24-28)	(10,41-45)	22,24-30	(13,12-17)
—El nuevo mandamiento:				13,31-35
—Predicción a Pedro:	26,30-35	14,26-31	22,31-34	13,36-38
—Las dos espadas:			22,35-38	

	Mateo	Marcos	Lucas	Juan
Sección de Juan				
—Hacia el Padre:				14,1-14
—Promesa del Paráclito:				14,15-26
—El don de la paz:				14,27-31
—La vid verdadera:				15,1-8
—Permanencia en el amor:				15,9-17
—Odio del mundo:				15,18-25
—Testimonio del Paráclito:				15,26-27
—Predicción de persecución:	(10,17-18)	(13,9)	(21,12)	16,1-4
—Enseñanza del Paráclito:				16,5-15
—Tiempo de expectativa:				16,16-22
—Petición a través de Jesús:				16,23-28
—Predicción de huida:				16,29-33
—Oración sacerdotal:				17,1-26

	Mateo	Marcos	Lucas	Juan
Del Huerto de Getsemaní al Calvario				
—En Getsemaní:	26,36-46	14,32-42	22,39-46	18,1
—Arresto de Jesús:	26,47-56	14,43-52	22,47-53	18,2-12
—Juicio ante Anás:	26,57-68	14,53-65	22,54-71	18,13-24
—Negación de Pedro:	26,69-75	14,66-72	22,56-62	18,25-27
—En el Pretorio:	27,1-2	15,1	23,1	18,28
—Muerte de Judas	27,27,3-10			
—Interrogatorio de Pilato:	27,11-14	15,2-5	23,2-5	18,29-38
—Juicio ante Herodes:			23,6-12	
—Jesús inocente:			23,13-16	
—Jesús o Barrabás:	27,15-23	15,6-14	23,17-23	18,39-40
—*Ecce homo:*	27,28-31	15,17-20		19,1-15
—Condena de Jesús:	27,24-26	15,15	23,24-25	19,16
—Coronación de espinas:	27,27-31	15,16-20		19,2-3
—Hacia el Calvario:	27,31-32	15,20-21	23,26-32	19,16-17

	Mateo	Marcos	Lucas	Juan
Crucifixión, muerte y sepultura				
—Crucifixión:	27,33-37	15,22-26	23,33-34	19,17-27
—Blasfemias en la cruz:	27,38-43	15,27-32	23,35-38	(19,18.29)
—Los dos ladrones:	27,44	15,32	23,39-43	19,18
—Muerte de Jesús:	27,45-54	15,33-39	23,44-48	19,28-30
—La madre de Jesús:	27,55-56	15,40-41	23,49	19,24-27
—La lanzada:				19,31-37
—Sepultura de Jesús:	27,57-61	15,42-47	23,50-56	19,38-42
—Guardia del sepulcro:	27,62-66			

	Mateo	Marcos	Lucas	Juan
Resurrección				
—Mujeres visitan el sepulcro:	28,1-8	16,1-8	24,1-12	20,1-13
—Aparición a las mujeres:	28,9-10	(16,9-11)	24,10-12	20,14-18
—Engaño de los sacerdotes:	28,11-15			
—Discípulos de Emaús:		(16,12-13)	24,13-35	
—Aparición a los apóstoles:	(16,14)	24,36-43	20,19-23	
—El caso de Tomás:				20,24-29
—Aparición en la cena:		(16,14-18)		
—En el monte de Galilea:	28,16-20	(16,14-18)		
—En Galilea junto al mar:			5,1-11	21,1-14
—Conclusión de Marcos:		16,9-20		
—Despedida y ascensión de Jesús		(16,15.19)	24,44-53	
—Conclusión de Juan:				20,30-31
—Apéndice de Juan:	(26,30-35)	(14,26-31)	(22,31-34)	21,1-25
—Testimonio de Pablo:	[1 Cor 15,3-8]			

El término alude al lugar en que se cena y se refiere al sitio en que Jesús se reunió con sus discípulos para celebrar su Última Cena. Los datos de los evangelios hablan de una gran sala en la parte superior de una casa (Marcos 14,12-16; Lucas 22,12).

La tradición sobre el lugar actual en que estuvo el cenáculo de Jesús es antigua. San Epifanio (murió en el año 403), San Cirilo de Jerusalén y la peregrina Egeria, todos del siglo IV, hablan de una Iglesia de los apóstoles en el Monte Sión, en donde cenó y se apareció Jesús, ocurrió Pentecostés y se reunían los apóstoles (Lucas 22,7-26; Juan 13 - 17; 20,19-29; Hechos 1,13; 15,1-29). Esta antigua iglesia fue destruida por los persas en el 614, restaurada poco después por el monje y Patriarca Modesto, nuevamente destruida por los musulmanes y reconstruida en el siglo XII por los cruzados quienes edificaron una gran basílica que contenía al cenáculo original.

Cenáculo

A la llegada de los Franciscanos a Tierra Santa (1333), el lugar fue rehabilitado para el culto; un siglo después fue reivindicado por los musulmanes, expropiado por éstos a los primeros (1524), convertido en mezquita y prohibida la entrada al lugar a los cristianos hasta el siglo XIX. Actualmente, reina el statu quo, o sea: una situación de compromiso y sin cambios hasta que no se arregle satisfactoria y definitivamente la cuestión de los lugares santos y su devolución a sus legítimos propietarios.

Una tradición cristiana (siguiendo Hechos 2,29), acogida por la piedad medieval, supone que bajo el cenáculo se encuentra el sepulcro del Rey David, cuyo supuesto sepulcro vacío ahí se venera. En cambio, los restos de la sala gótica actual vienen del siglo XIV y conservan añadiduras musulmanas, restos de la mezquita que los devotos de Alá implantaron en el lugar en 1524.

Al parecer, en este lugar se celebró el primer concilio cristiano, de Jerusalén, entre los años 48 y 50 y en donde perduró hasta el siglo IV la sede de la "Santa Sión" o primera comunidad cristiana, llamada "de los Nazarenos".

Al visitar este lugar, los peregrinos pueden leer Lucas 22,7-38; 24,36-43; Juan 3,1-11; 15,11-17; 20,19-29; y Hechos 1,12-14; 2,1-13; 15,1-29.

Monte y Huerto de los Olivos

Monte de los Olivos es el nombre del siglo I que se da a una pequeña elevación que el Torrente Cedrón separa del monte del templo. A su pie está propiamente Getsemaní ("Molino de aceite" en hebreo). Los Evangelios afirman que Jesús solía retirarse a ese lugar, que ahí rezó intensamente antes de su pasión y fue aprehendido por la guardia del templo, enviada por los sacerdotes (Marcos 14,32-52; Lucas 22,39-53; Mateo 26,36-56).

En el lugar se conservan dos lugares de culto cristiano: La Gruta del Prendimiento y la Basílica de Getsemaní con su pequeño huerto aledaño. La Gruta es uno de los lugares de culto cristiano más antiguos en Tierra Santa. En ella, hueco de 17 por 9 metros, se han descubierto *graffiti* o frases escritas sobre sus paredes irregulares y otros restos de mosaico de los siglos IV y V que evocan restos del antiguo culto cristiano.

La Basílica actual del Getsemaní o de la Agonía, construida entre 1919 y 1924, se ubica sobre los restos de una basílica bizantina y otra cruzada. El monumento provoca un aire de recogimiento con su ornamentación y colorido oscuro que ayuda a la piedad. En el área del presbiterio la roca virgen evoca el lugar de la oración de Jesús. Los donativos de muchos fieles para éste como para otros santuarios de Tierra Santa (*Dominus Flevit* y Gruta de Santa Elena en la Basílica del Santo Sepulcro…) han ayudado a su construcción y conservación. En el jardín anexo, ocho añosos olivos evocan el entorno en tiempos de Jesús, su oración al Padre y su agonía ahí antes de su pasión.

Más arriba, en el mismo Monte de los Olivos, otros santuarios como el *Dominus Flevit* y la Basílica del Padre Nuestro y el lugar de la Ascensión, evocan, a su modo, las últimas horas de Jesús entre sus discípulos.

Calvario o lugar de la calavera es el nombre del Gólgota, pequeña loma que en un tiempo estuvo fuera de Jerusalén y actualmente dentro. ¡Ahí murió Cristo!

Monte Calvario

Con la destrucción de Jerusalén por los ejércitos de Vespasiano y Tito en el año 70 y del emperador Adriano en 135 se intentó castigar a los rebeldes judíos y, de paso, borrar su memoria. Con todo, la restauración de la ciudad por Constantino en 325 y la construcción de una gran basílica cristiana en el lugar, que siguió a la piedad y tradición judeocristianas anteriores, salvaron su ubicación exacta.

Por las circunstancias históricas, guerras, dominaciones culturales y el culto, el lugar en que se encontraba el monte Calvario ya no se distingue con claridad. El vacío que lo separaba del Santo Sepulcro fue colmado para nivelar el piso y colocar ambos lugares dentro de otro recinto mayor.

Como quiera que sea, a la actual elevación del Calvario que aún queda se accede por dos escaleras inclinadas a la entrada lateral de la Gran Basílica. Ya en la parte superior, el ambiente está dividido en tres áreas, presididas por tres altares: el del Calvario o de la muerte de Jesús; el de la crucifixión, situado a la derecha de quien accede; y el de la Virgen Dolorosa, que divide a ambos.

Debajo del Calvario, una cavidad evoca la doctrina

judeocristiana sobre el sepulcro de Adán. Según esto, al morir Cristo, su sangre descendió por las grietas del montículo y cayó sobre el primer hombre, demostrando así la salvación de todo el género humano. Esta es la razón por la que en muchos crucifijos modernos, una calavera con dos tibias cruzadas a los pies de Jesús evoca esa doctrina.

La suerte del Monte Calvario está ligada a la Basílica que lo alberga. Fue dedicada en el año 335, incendiada por los persas en 614, reconstruida por el patriarca Modesto, entre 634 y 638, dañada por un terremoto en el siglo IX, incendiada y saqueada por musulmanes y judíos en el siglo X, reconstruida por el emperador bizantino Constantino Monómaco entre 1042 y 1048 y por los cruzados entre 1130 y 1149, incendiada en 1808, dañada por un terremoto en 1927 y en restauración desde 1959 a la fecha.

El lugar, con su penumbra, luminarias y mosaicos, se presta para la oración cuando no hay visitantes que impidan el recogimiento y devoción, actitudes que pueden tener lugar en las primeras horas de la mañana.

Santo Sepulcro   Anástasis ("resurrección" en griego) es un nombre más propio con el que los cristianos griegos del Oriente veneran este lugar, a diferencia de la piedad de los latinos que lo llaman "Santo Sepulcro" y que parece fijarse más en el lugar en que fue depositado el cuerpo de Jesús que considerar el lugar del que resucitó a la nueva vida de Dios.

El lugar recuerda la tumba de Jesús, cuyas dos cámaras aún son visibles. Una gran loza en la cámara interior posa sobre el sitio en que se colocó el cuerpo de Jesús, en tanto que un monumento maltrecho cubre el conjunto.

La piedad cristiana ha venerado este lugar en modo continuo, primero por los cristianos de origen judío hasta el año 135, fecha en que se creó Aelia Capitolina en lugar de Jerusalén y el sitio les fue arrebatado por el Emperador Adriano para erigir otro templo a la diosa Afrodita. Posteriormente, con el arribo de Constantino y sus edificaciones, el lugar cobró nueva vida y ha mantenido el recuerdo de este lugar, memoria y símbolo de la resurrección de Jesús. Con todo, lo importante no es la piedra… sino el evento. Entenderlo equivale a acercarse a Jesús, el Resucitado y el Viviente.

Emaús

Aunque hay dos localidades que han rivalizado por evocar la memoria de una aparición de Jesús Resucitado, la de Qubeibe ("La cúpula" en árabe) goza de mayor credibilidad por su coincidencia con los datos evangélicos y los restos arqueológicos descubiertos en ese sitio. El lugar evoca la aparición de Jesús peregrino a dos discípulos suyos a la hora de "partir el pan" (Lucas 24,13-35; Marcos 16,12).

El sitio surgió en el siglo II a. de C. y en el tiempo de Jesús estaba habitado. En los dos siglos siguientes (II-III) fue abandonado quizá por las guerras judías de los años 68-70 y 135 contra los romanos. Fue habitada nuevamente en los siglos IV y en el XII por gente cristiana como muestran los restos arqueológicos.

El visitante encuentra ahí restos del poblado medieval, el enlosado de una vía romana y dentro del actual templo los supuestos restos de la "Casa de Cleofás", nombre de uno de los dos discípulos que se encontraron con el Resucitado.

Galilea

El monte y el Lago de Galilea son dos lugares tanto geográficos como teológicos. Jesús Resucitado se reveló a los discípulos ahí y los envió por el mundo como difusores de su Evangelio (Mateo 28,16-20; Juan 21). Antes de su muerte, fueron lugares preferidos en su actividad mesiánica (Marcos 4-6; Mateo 4,12-25; 5,1); después de ella, son ambiente para su glorificación. Según una tradición bíblica, Galilea es síntesis del mundo y del anuncio de la fe a los paganos (Isaías 8,23; Mateo 4,15-16).

"El monte" evoca todas aquellas montañas sagradas con rasgos salvíficos que recuerda el Antiguo Testamento (montes Ararat, Moria, Sinaí, Horeb, Sión...) y es alusión abierta a la cercanía a Dios y al misterio que Jesús quiere revelar (Marcos 3,12; 6,46; Mateo 14,23; 17,1). Por su parte, el lago es la evocación de todos aquellos riesgos y enemigos que el creyente debe vencer: Marcos 4,35-41; Mateo 6,45-52.

Lugar de la Ascensión

Para conmemorar la Ascensión de Jesús a la gloria del Padre los cristianos del Oriente hicieron surgir en el siglo IV la solemnidad homónima y un edificio circular en el Monte de los Olivos, similar al "Panteón de Agripa" en Roma, con apertura en su cima.

Por las vicisitudes históricas el *Imbombón,* como se le llamaba, fue destruido por los persas en el año 614; reconstruido, por Modesto, Patriarca de Jerusalén; embellecido por los Cruzados, en el Medioevo; y pasado a manos de los musulmanes.

Al presente, del antiguo monumento restan el área exterior y algunas columnas, cuyos entrearcos fueron llenados para formar un muro. La edícula central guarda un tramo de la roca viva de la montaña, con las supuestas huellas de Jesús.

Adoración de la cruz: Rito que se practica en la liturgia del Viernes Santo. Consiste en una procesión con la cruz y un gesto de reverencia a ella por parte de los fieles.

Anástasis ("Resurrección" en griego): Nombre que los cristianos orientales dan al lugar en que estuvo el sepulcro de Cristo.

Apariciones de Jesús: Relatos en que Jesús resucitado se muestra a sus discípulos o a personas de la comunidad con el encargo de notificar su nueva vida y su Evangelio. Los textos siguen de cerca las epifanías divinas del Antiguo Testamento. Los textos se encuentran al final de los Evangelios (Mateo 28; Marcos 16; Lucas 24; Juan 20-21; Hechos 1,3-11; 1 Corintios 15,5-8)

Ascensión: Subida de Jesús al cielo. Más que un evento físico visto por los discípulos de Jesús, es un concepto teológico con el que la Iglesia refleja el triunfo de Jesús sobre la muerte y su retorno al Padre. El evento, colocado el mismo día de la resurrección, o 40 días después, no debe separarse de la resurrección como acontecimiento aparte.

Betania ("Casa del pobre o de Ananías" en hebreo): Poblado a unos tres kilómetros de Jerusalén en donde residían Lázaro, Marta y María, los amigos de Jesús (Juan 11-12).

Betfagé: Antigua aldea situada en una pendiente del Monte de los Olivos, desde donde partió Jesús para hacer su entrada triunfal a Jerusalén (Mateo 21,1; Marcos 11,1; Lucas 19,29)

Buen ladrón: Nombre dado a uno de los ladrones crucificados con Jesús que se apiadó de él, le creyó y le pidió su comprensión. La piedad lo colocó a la derecha de Jesús y lo ha llamado San Dimas.

Calvario, Monte: Elevación rocosa fuera de la muralla de la antigua Jerusalén y ahora dentro de su perímetro. Ahí murió Jesús. Hoy se encuentra dentro de una gran Basílica.

Calvario: a secas, es también el grupo de personas que la piedad coloca junto a la cruz: Jesús, María su madre, María Magdalena y el discípulo amado, identificado con Juan.

Ciclo pascual: Comprende un período de preparación (la Cuaresma), otro de celebración (Triduo Pascual) y otro de torna fiesta (Pentecostés). Es el corazón del año litúrgico.

Cirineo: Habitante de Cirene, radicado en Jerusalén, que fue obligado a llevar la cruz de Jesús hasta el Calvario. Era padre de Alejandro y Rufo (Mateo 27,32).

Cirio pascual: Luminaria utilizada en los ritos de la vigilia o noche pascual que se lleva en procesión ante el cual se canta el pregón pascual. Se sumerge en la pila bautismal y se enciende en las celebraciones durante el año, sobre todo, en el tiempo pascual.

Coronación de espinas: Burla hecha a Jesús por los soldados en la prisión de Pilato. Su práctica en Jesús alude a su mesianismo regio mal interpretado (Mateo 27,27-31; Marcos 15,16-20; Juan 19,2-3).

Cruz: Instrumento y pena capital. La tradición cristiana adopta su forma latina (letra T), griega (+), de San Andrés (X) y otras por devoción más que por precisión histórica y la venera como instrumento de salvación, alusión a la vida cristiana y penalidades de ésa.

Crucifixión: Suplicio y pena de muerte que Pilato impuso a Jesús. Antiguamente servía para castigar o empalar al reo, hacerlo morir en ella por consunción y como exposición de su cadáver, haciendo que las aves de rapiña lo comieran.

Cuaresma ("cuarenta"): Periodo de cuarenta días de preparación a la Pascua que comienza el Miércoles de Ceniza y termina el Jueves Santo. Es tiempo de conversión y penitencia pero no debe separarse de su meta que es la Pascua de Cristo.

Discípulo amado: Nombre que el Evangelio de Juan da a una persona que representa al auténtico seguidor de Cristo y que la tradición ha identificado con el apóstol Juan.

Domingo de Pascua o de Resurrección: Domingo que conmemora y celebra el misterio de la resurrección de Cristo y último día del Triduo Pascual.

Domingo de Ramos: Domingo inmediatamente anterior al de la Pascua, llamado así por la procesión con ramos y palmas que se realiza para evocar la entrada triunfal de Cristo a Jerusalén, y calcada en citas del Antiguo Testamento (Isaías 62,11; Zacarías 9,9; 2 Reyes 9,13).

Domingos de Cuaresma: Cinco domingos consecutivos inmediatamente anteriores a la semana mayor, santa o pascual.

Domingos de Pascua: Serie de siete domingos que siguen inmediatamente a la Pascua. El penúltimo conmemora la Ascensión de Jesús; el último, Solemnidad de Pentecostés, culmina todo el período pascual.

Flagelación: Suplicio antiguo practicado por los romanos con los reos. Le fue impuesto a Jesús por el gobernador Pilato antes de su pasión (Mateo 27,26; Marcos 15,15; Lucas 23,22; Juan 19,1). Un santuario en la Vía Dolorosa de Jerusalén lo evoca.

Gabbatá y Litóstrotos ("Elevación" en hebreo y "Enlosado" en griego): Elevación de Jerusalén con el Litóstrotos y el palacio de Herodes en que Pilato juzgó a Jesús (Juan 19,13; Marcos 15,16)

Getsemaní ("Molino de aceite" en hebreo): Huerto y lagar visitado por Jesús. En él rezó poco antes de su pasión y luego fue abandonado por sus discípulos (Marcos 14,26-52; Mateo 26,36), traicionado por Judas Iscariote y apresado por los guardias del templo judío.

Hacéldama ("Campo de sangre" en hebreo): Nombre del sitio comprado en Jerusalén con el dinero de la venta de Jesús, rechazado y restituido por Judas a los sacerdotes.

Herodes: Nombre del Tetrarca judío ante quien fue presentado Jesús prisionero. Este Herodes Antipas (Marcos 6,14-26; Lucas 23,7.15) vivió entre 22 a C - 40/50 d C. El mismo nombre llevaron: Herodes El Grande, Rey (73 - 4 a C: Mateo 2,1-22), Herodes Agripa (Hech 12,1-23), Tetrarca y su hermano Herodes II de Calquis.

Hijas o Mujeres de Jerusalén: Damas que acompañaron a Jesús durante su crucifixión y muerte (Mateo 27,55-56; Marcos 15,40-41; Lucas 23,27-31.49.55-56; Juan 19,25)

Instrumentos de la pasión: Elementos de suplicio utilizados para la crucifixión de Jesús, que la piedad representa con la cruz. Los principales son: cruz, clavos, lanza, esponja, lienzo para el descendimiento, dados con que se sortearon su ropa y manto, jarra o cantimplora de vino e hiel, martillo y pinzas. Ocasionalmente, les acompaña un gallo, en alusión a las negaciones de San Pedro y una bolsita con las 30 monedas de Judas.

José de Arimatea: Piadoso y rico judío, quizá miembro del sanedrín judío y simpatizante de Jesús, cuyo cuerpo embalsamó y colocó en su propio sepulcro (Mateo 27,57-59; Juan 19,38).

Jueves Santo: Nombre del último día de Cuaresma, inmediatamente anterior al Triduo Pascual. Se distingue por su solemne Eucaristía en que se evoca el adiós de Jesús, la institución de la Eucaristía y el lavatorio de pies como gesto de acogida y ejemplo para el servicio y la caridad de los cristianos hacia los demás.

Lanzada: Medida antigua equivalente al tiro de gracia actual. Se practicó con Jesús para asegurarse de su muerte. Juan la aprovecha como motivo teológico para evocar el origen de la Iglesia desde el costado de Cristo como las aguas mesiánicas que salieron del altar, según el profeta Ezequiel y a la figura del "Atravesado" de Zacarías (Ezequiel 47,1-12; Zacarías 12,10; Juan 19,31-37).

Lavatorio de pies: Gesto de bienvenida y hospitalidad en el antiguo Oriente. La liturgia del Jueves Santo lo repite para recordar a los cristianos su misión de ayuda, caridad y servicio con todos.

Magdalena ("Originaria de Magdala", localidad de Galilea): Gentilicio dado a una mujer llamada María, sanada por Jesús, a quien acompañaba y ayudaba (Mateo 27,55-56; Lucas 8,2). Estuvo junto a la cruz y fue la primera a quien se apareció el Resucitado (Mateo 28,1) y la envió a dar la noticia a sus discípulos. La tradición la identificó erróneamente con María de Betania, hermana de Martha y Lázaro de Betania (Lucas 10,39-42; Juan 11,1 - 12,3) y con una mujer pecadora (Lucas 7,37-50).

Miércoles de Ceniza: Día en que comienza la Cuaresma. Su nombre deriva de la ceniza que se utiliza como signo de conversión y se coloca en la frente de los fieles en ese día.

Mujeres de Jerusalén: Ver Hijas o Mujeres de Jerusalén.

Negaciones de Pedro: Rechazo de Jesús por parte del apóstol, predicho por él y motivo para señalar la presunción del creyente que se cree libre de culpa. Según los relatos del Evangelio, fueron tres, que reparó con un triple acto de fe (Mateo 26,69-75; Juan 21,15-20).

Nicodemo ("Pueblo victorioso" en griego): Fariseo, discípulo de Jesús, Nicodemo visitaba a Jesús en secreto y ayudó a sepultar a Jesús (Juan 3,1-9; 7,50-52; 19,39).

Olivos, Monte de los: Altura frente a la colina del Templo de Jerusalén, separada de él por el Valle o torrente Cedrón. A sus pies estaba Getsemaní, huerto y lugar de aceite, en que Jesús rezó y fue apresado. En el lugar hay santuarios importantes: Gruta del Prendimiento, quizás el sitio del antiguo molino de aceite; Basílica de la Agonía, memorial de la oración y agonía de Jesús; Dominus Flevit, santuario que evoca el llanto de Jesús por Jerusalén que no supo recibirlo; Eleona o Basílica del Padre Nuestro, en cuya gruta habría enseñado esa oración a sus discípulos; Cúpula de la Ascensión, lugar tradicional en que la piedad ubica su subida a la gloria; y, en una colina anexa, Betfagé y Betania.

Pascua (Quizá: "Golpe" en egipcio; "apaciguar" en acádico; "saltar" en hebreo): Fiesta nómada; luego, judía o "del cordero inmolado", anterior a la de los panes ácimos con la que se evocaba la liberación de Egipto; y finalmente, cristiana. Recuerda y celebra los eventos de la muerte y glorificación de Cristo.

Pasión, relatos de la: Secciones finales de los Evangelios en que se narran los últimos acontecimientos de la vida de Jesús, pasión y muerte (Mateo 26-27; Marcos 14-15; Lucas 22-23; Juan 13-17 y 18-19), seguidos por relatos de su resurrección y aparición a sus discípulos.

Pentecostés ("Cincuenta días" en griego): Fiesta judía que coincidía con la fiesta de la cosecha o celebración y ofrenda de los frutos de las cosechas. Por su parte la fiesta de Pentecostés cristiana evoca la venida del Espíritu Santo e inauguración de la misión de la Iglesia en el mundo (Hechos 2,1-11). Incluye 50 días festivos después de Pascua y se celebra como solemnidad.

Pilato, Poncio: Nombre del Prefecto o Gobernador romano en Judea entre los años 26 y 36 quien condenó a Jesús al suplicio y muerte por crucifixión (Mateo 27; Juan 18,29 - 19,38). Para disminuir su culpabilidad en decidir la muerte de Jesús, Mateo señala la piedad de su mujer, su deseo de liberar a Jesús y la imprecación de los judíos (Mateo 27,19-26). Fue tal su memoria entre los cristianos que éstos escribieron relatos apócrifos para resaltar su figura (*Carta de Pilato, Correspondencia con Tiberio; Actas de Pilato*, entre otros).

Predicciones de la pasión: Textos y relatos de la vida pública de Jesús en que él habla de su muerte en Jerusalén (Marcos 8,31-33; 9,9-10.31-32; 10,32-34)

Pretorio: Residencia del Pretor o Gobernador romano en Jerusalén. Ahí se condenó a muerte a Jesús (Mateo 27,27; Juan 18,28-33; 19,9).

Resurrección, relatos de la: Secciones finales de los Evangelios que narran apariciones de Jesús a sus discípulos (Mateo 28; Marcos 16; Lucas 24; Juan 20-21). El tema de la resurrección aparece en los escritos del Nuevo Testamento como la nueva vida que

Dios da a Cristo y a sus seguidores y se evidencia, adelantada, en las obras de los creyentes.

Sanedrín ("Con y sillas" en griego): Asamblea judía equivalente al senado moderno. Tenia 71 miembros, con funciones religiosas y civiles, compuesto de sumos sacerdotes, ancianos, escribas y representantes de dos los partidos más fuertes, el fariseo y el saduceo.

Via Crucis: Una devocional que contiene 14 estaciones (o quince, si se incluye la de su resurrección) que evocan otros tantos momentos de la pasión e incluyen escenas que no aparecen en los Evangelios, como las tres caídas de Jesús y sus encuentros con su Madre y la Verónica.

Vida: Concepto bíblico fundamental que expresa, en sentido teológico: los bienes que el Señor da a sus fieles, la vida humana en la tierra, el compromiso cristiano en el mundo, la resurrección y la supervivencia con Dios, después de la muerte.

Viernes Santo: Primer día del Triduo Pascual en que se conmemora y celebra al muerte salvadora de Cristo. Aunque no hay Eucaristía en este día lo caracterizan la lectura de su pasión según el Evangelio de Juan con una larga oración universal, el llamado rito de la Adoración de la Cruz y la recepción de la Eucaristía.

Vigilia pascual: Celebración fundamental de la Iglesia, de su fe y del año litúrgico. Tiene cuatro partes llamadas Liturgia de la Luz, de la Palabra, Bautismal y Eucarística.

Bibliografía

ALDAZABAL J., Gestos y símbolos. Ed. Centro de Pastoral litúrgica, Barcelona, 1992

ALDAZÁBAL J., Vocabulario básico de Liturgia. Ed. Centro de Pastoral Litúrgica, Barcelona, 1994

ACQUISTAPACE P., Guía bíblica y turística de Tierra Santa. Ed. Istituto Propaganda Libraria, Milán, 1992

BAUMSTARK A., Liturgia comparada. Ed. de Chevetogne, Chevetogne, 1953

BERGER R., Pequeño Diccionario de Liturgia. Ed. Piemme, Casale Monferrato, 1990

BERNAL J. M., Iniciación al año litúrgico. Ed. Cristiandad, Madrid, 1984

BOROBIO D., La celebración en la Iglesia. Ed, Sígueme, Salamanca, I y III (1985-90)

CENTRO CATEQUISTICO SALESIANO, Misal de la asamblea cristiana. Ed. LDC, Turín, 1992

CHEVALIER J., Diccionario de símbolos. Ed. Herder, Barcelona, 1986

DANIELOU J., Sacramentos y culto según los Santos Padres. Ed. Guadarrama, Madrid, 1964

DANIELOU J., Historia de la salvación y liturgia. Ed. Sígueme, Salamanca, 1967

DANIELOU J., Símbolos cristianos primitivos. Ed. du Seuil, París, 1961

FÜGLISTER N., El valor salvífico de la Pascua. Ed. PAIDEIA, Brescia, 1976

GUARDINI R., Los signos sagrados. Ed. Litúrgica Española, Madrid, 1965

JEREMIAS J., Las palabras eucarísticas de Jesús. Ed. SCM Press LTD, Londres, 1966

KIRCHGÄSSNER A., El simbolismo sagrado en la liturgia. Ed. FAX, Madrid, 1963

MAERTENS T., Fiesta en honor de Yahvé. Ed. Cristiandad, Madrid, 1964

MAERTENS T. - J. FRISQUE, Nueva Guía de la Asamblea Cristiana. Ed. Marova, Madrid, 1970, tomo III

MALDONADO L., Iniciación litúrgica. Ed. Marova, Madrid, 1981, Pág. 83-145

MARTIMORT A. G., La Iglesia en oración. Ed. Herder, Barcelona, 1967

MORCILLO GONZALEZ C., Comentarios a la Constitución sobre la sagrada liturgia. Ed. Católica, Madrid, 1965

PARRA SÁNCHEZ A. T., Diccionario de Liturgia. Ed. Paulinas, México, 1997

PASCHER J., El año litúrgico. Ed. Católica, Madrid, 1965

RIGHETTI M., Historia de la liturgia. Ed. Católica, Madrid, 1955 (Vol. 1)

RORDORF W., El domingo. Ed. Marova, 1971

SECRETARIADO NACIONAL DE LITURGIA, Comentarios bíblicos al Leccionario. Ed. Alfredo Ortells y otras, España, 1985-1992

VAGAGGINI C., El sentido teológico de la liturgia. Ed. Católica, Madrid, 1959

VARIOS, La Constitución sobre la sagrada liturgia. Ed.
  LDC, Turín, 1967